AUTORE

Eduardo Manuel Gil Martínez (25 giugno 1970) è uno storico e appassionato della storia spagnola da diversi anni, principalmente sulla seconda guerra mondiale e l'età della Reconquista. Autore di numerosi testi sulla seconda guerra mondiale per riviste spagnole e italiane come "Revista Española de Historia Militar", AMARTE, "Ritterkreuz" o " Le forze dell'asse nella seconda guerra mondiale 1939-1945 ". Oltre al titolo che pubblichiamo è anche l'autore di: "Sevilla Reina y Mora. Historia del reino independiente sevillano. Siglo XI ", "Breslau 1945. El último bastión del Reich", "Gli spagnoli nelle SS e nella Wehrmacht. 1944-45. L'unità Ezquerra nella battaglia di Berlino "," L'aeronautica bulgara nella seconda guerra mondiale. L'alleato dimenticato della Germania "," Forze corazzate rumene nella seconda guerra mondiale "," Forze corazzate ungheresi nella seconda guerra mondiale ", "Aeronautica spagnola nella seconda guerra mondiale", "Hispano Aviación Ha-1112" (sull'ultimo Messerschmitt 109 mai costruito in Spagna) e altri testi per importanti editori come Almena , Kagero, Schiffer e Pen & Sword.

PER LE FOTO SI RINGRAZIANO:

FORTEPAN: Berkó Pál, Tarbay Julia, Doboczi Zsolt, Kókány Jenő, Ludovika, Varga Csaba dr., Csorba Dániel, Lissák Tivadar, Nagy Gyula, Konok Tamas Id, Miklós Lajos, Gadoros Lajos, Lakatos Maria, Marics Zoltán, Nagypal Geza, Vargha Zsuzsa, Lázár György, Mihalyi Balazs, Klenner Aladar, Scrutatore Ferenc, Kramer Istvan Dr, Ungvary Krisztian, Károly Németh, Péter Mujzer.

PUBLISHING'S NOTES

None of unpublished images or text of our book may be reproduced in any format without the expressed written permission of Luca Cristini Editore (already Soldiershop.com) when not indicate as marked with license creative commons 3.0 or 4.0. Luca Cristini Editore has made every reasonable effort to locate, contact and acknowledge rights holders and to correctly apply terms and conditions to Content. Every effort has been made to trace the copyright of all the photographs. If there are unintentional omissions, please contact the publisher in writing at: info@soldiershop.com, who will correct all subsequent editions.

Our trademark: Luca Cristini Editore©, and the names of our series & brand: Soldiershop, Witness to war, Museum book, Bookmoon, Soldiers&Weapons, Battlefield, War in colour, Historical Biographies, Darwin's view, Fabula, Altrastoria, Italia Storica Ebook, Witness To History, Soldiers, Weapons & Uniforms, Storia etc. are herein © by Luca Cristini Editore.

LICENSES COMMONS

This book may utilize part of material marked with license creative commons 3.0 or 4.0 (CC BY 4.0), (CC BY-ND 4.0), (CC BY-SA 4.0) or (CC0 1.0). We give appropriate attribution credit and indicate if change were made in the acknowledgments field. Our WTW books series utilize only fonts licensed under the SIL Open Font License or other free use license.

For a complete list of Soldiershop titles please contact Luca Cristini Editore on our website: www.soldiershop.com or www.cristinieditore.com. E-mail: info@soldiershop.com

Titolo: **I REPARTI CORAZZATI UNGHERESI DURANTE LA SECONDA GUERRA MONDIALE**
VOL. 1: 1938 - 1943 Code.: **WTW-047 IT** di Eduardo Manuel Gil Martínez
ISBN code: 9791255890317 prima edizione ottobre 2023
Lingua: Italiano. Dimensione: 177,8x254mm. Cover & Art Design: Luca S. Cristini

WITNESS TO WAR (SOLDIERSHOP) is a mark of Luca Cristini Editore, via Orio, 33/D - 24050 Zanica (BG) ITALY.

WITNESS TO WAR

I REPARTI CORAZZATI UNGHERESI DURANTE LA SECONDA GUERRA MONDIALE

VOL. 1: 1938 - 1943

PHOTOS & IMAGES FROM WORLD WARTIME ARCHIVES

EDUARDO MANUEL GIL MARTÍNEZ

BOOKS TO COLLECT

INDICE

PREFAZIONE..5

LA NASCITA DELLE FORZE CORAZZATE UNGHERESI..7
    IL NECESSARIO RIARMO MAGIARO...7

1938: L'UNGHERIA CERCA DI FARSI STRADA IN EUROPA..................................11
    PRIME AZIONI DI COMBATTIMENTO...11

1939: INIZIA LA SECONDA GUERRA MONDIALE..13
    I DADI INIZIANO A GIRARE..13

1940-1941: L'UNGHERIA PASSA SOTTO L'"OMBRELLO" TEDESCO....................15
    IL PATTO CON LA GERMANIA..15
    LA CAMPAGNA USSR DEL 1941..16

1942: AZIONI IN UCRAINA..39
    COMPITI DI OCCUPAZIONE E RITORNO IN PRIMA LINEA.....................................39
    PRIMA BATTAGLIA DI URYV..49
    PRIMA BATTAGLIA DI KOROTOYAK..51
    SECONDA BATTAGLIA DI URYV...56
    SECONDA BATTAGLIA DI KOROTOYAK..58
    TERZA BATTAGLIA DI URYV...59

1943: DISASTRO E RIORGANIZZAZIONE...73
    IL RULLO SOVIETICO FA LA SUA COMPARSA..73
    FORMAZIONI CORAZZATE NELLE TRUPPE DI OCCUPAZIONE............................90
    SGANCIARSI DALLA GERMANIA, MA COME?..91

ALLEGATO: INSEGNE DELLE FORZE CORAZZATE UNGHERESI........................93

BIBLIOGRAFIA...98

PREFAZIONE

Le prestazioni delle forze corazzate tedesche durante la Seconda guerra mondiale sono ben note. Tuttavia, meno conosciute sono le prestazioni delle forze corazzate degli alleati della Germania. Sebbene in generale siano state piuttosto secondarie, se non addirittura deludenti, va sottolineata la performance delle forze corazzate ungheresi. In tempi recenti, autori come Péter Mujzer e Czaba Becze hanno approfondito questo aspetto, facendo luce su un argomento in gran parte sconosciuto anche agli appassionati di storia della Seconda Guerra Mondiale e dell'Asse in particolare. Un'altra opera di grande interesse, che copre aspetti più generali del ruolo ungherese nella Seconda Guerra Mondiale, è quella di Bernád y Climent, anche se non ancora pubblicata integralmente.

Nonostante le ovvie limitazioni industriali dell'Ungheria dopo essere stata "smembrata" all'indomani della Prima Guerra Mondiale, il paese fu in grado di sviluppare le infrastrutture necessarie per la produzione interna di carri armati e altri veicoli corazzati. Sebbene queste unità non fossero all'altezza di quelle tedesche, furono benvenute nello sforzo militare dell'Asse, che in genere si basava sul potenziale industriale tedesco. L'iniziale autosufficienza ungherese nella produzione di corazze fece sì che la sovraccarica produzione di armamenti tedesca non dovesse preoccuparsi troppo dell'alleato ungherese, almeno per i primi due terzi della guerra. In seguito, dovette fornire veicoli corazzati da combattimento in quantità maggiori a causa delle disperate capacità militari ungheresi dopo le numerose battute d'arresto subite nelle battaglie contro l'onnipotente URSS.

Un altro aspetto degno di nota della storia bellica dell'Ungheria è che essa rimase dalla parte della Germania fino alla fine del conflitto, nonostante i vari tentativi del governo ungherese di rompere l'alleanza. In un modo o nell'altro, ciò significa che l'Ungheria divenne destinataria di materiale tedesco fino agli ultimi mesi dei combattimenti in Europa, compresi alcuni dei migliori carri armati tedeschi come il Tiger e il Panther. È nota la riluttanza dei tedeschi a consentire l'arrivo delle loro armi più moderne e potenti a qualsiasi altro Paese, ma l'alleato ungherese si guadagnò il riconoscimento dei tedeschi per il suo comportamento in combattimento.

In questo testo esploreremo la partecipazione ungherese durante la Seconda guerra mondiale, iniziando con l'invasione dell'URSS e proseguendo con il coinvolgimento nelle battaglie lungo il fronte orientale, fino alle battaglie sull'altopiano ungherese e ai conflitti finali in territorio austriaco e sloveno prima della resa incondizionata.

È noto che le città dell'Europa centrale spesso avevano nomi basati sul Paese che le controllava. Nel caso dell'Ungheria e dei suoi territori storici, troviamo che la stessa città può essere riconosciuta con tre o quattro nomi diversi. In generale, e a causa dell'argomento che stiamo trattando, abbiamo preferito utilizzare il nome dato dagli ungheresi a queste città, seguito tra parentesi dal nome dato loro oggi. Così, ad esempio, useremo il nome Temesvár (Timisoara) per riferirci a quella città, poiché questo è il nome con cui la chiamavano i magiari.

Anche se questo testo tratterà delle forze corazzate ungheresi, spesso affronteremo anche altri raggruppamenti militari, sia sovietici che tedeschi, per fornire una visione più generale dei combattimenti rispetto a quella che avremmo se ci limitassimo solo ad essi. Date

le simultanee battaglie lungo il fronte ungherese, soprattutto nel 1944 e nel 1945, abbiamo scelto di separarle nelle varie campagne o battaglie più significative per facilitarne la comprensione.
In tutte le situazioni in cui gli ungheresi dovettero combattere, spesso in condizioni difficili, lo fecero con grande coraggio e audacia nonostante la superiorità del nemico in termini di uomini e armi moderne. Questo testo è un omaggio e un ricordo di quegli uomini coinvolti in un conflitto le cui conseguenze hanno influenzato la storia del Paese per i successivi 45 anni.

▲ L'obsoleto carro armato ungherese FIAT 3000B (il famoso carro armato Renault FT-17 era il modello su cui si basava il FIAT 3000), era completamente superato tecnologicamente quando iniziò la Seconda Guerra Mondiale. Il processo di produzione iniziò nel maggio 1919.

LA NASCITA DELLE FORZE CORAZZATE UNGHERESI

IL NECESSARIO RIARMO MAGIARO

La storia delle forze corazzate ungheresi durante la Seconda Guerra Mondiale (WWII) è stata segnata dal ruolo secondario in cui la Germania relegò i suoi alleati europei. I progressi della tecnologia militare durante gli anni del conflitto furono così rapidi che le industrie di Paesi come l'Ungheria, la Romania e l'Italia non furono mai in grado di stare al passo con il livello di sviluppo e, naturalmente, con la quantità di produzione raggiunta dai sovietici e dagli Stati Uniti. Questo portò a una forte dipendenza dall'industria tedesca per il loro sostegno, ma le circostanze della guerra impedirono a questo sostegno di essere sufficiente per questi Paesi satelliti per recuperare il ritardo rispetto al rivale sovietico.

Nonostante le notevoli limitazioni, l'industria ungherese riuscì a costruire una forza corazzata indigena, a cui si aggiunsero vari tipi di veicoli di origine ceca o tedesca, rendendo alla fine l'Ungheria l'alleato più affidabile dei tedeschi in termini di armamenti.

▲ Un soldato ungherese posa con orgoglio accanto a un carro armato Ansaldo mimetizzato di origine italiana.

Ma per comprendere l'evoluzione di queste forze corazzate, dobbiamo risalire alla fine della Prima Guerra Mondiale, quando, soggetto alle condizioni del Trattato di Versailles del 1919, l'Impero Austro-Ungarico venne smembrato in diversi Paesi, e il territorio austriaco mutilato in diverse aree dal Trattato del Trianon del 1920. Con il primo, le forze armate ungheresi furono radicalmente limitate nella quantità e nella qualità dei loro materiali; con il secondo, l'Ungheria perse parte della Transilvania (che passò alla Romania), Fiume, la Slovacchia, la Croazia, la Vojvodina e la Bosnia-Erzegovina, con la conseguente perdita di importanti risorse naturali e di gran parte della sua popolazione, integrata in altri Paesi. L'obiettivo era chiaro: impedire che il Paese potesse riprendere le armi.

Il Trattato di Trianon fu una grande bancarotta economica per il Paese, poiché alla perdita di territorio si aggiunse la perdita di materiale umano e, naturalmente, di risorse naturali. Di conseguenza, l'industria ungherese fu quasi spazzata via, ma quel poco che rimase fu di grande importanza negli anni a venire. Ci riferiamo all'azienda di motori Manfred Weiss e all'azienda di locomotive MAVAG, che negli anni della Seconda Guerra Mondiale sarebbero diventate le fondamenta dell'industria militare nazionale, che alla fine sarebbe stata di gran lunga superiore a quella di altri Paesi vicini.

L'esercito ungherese sotto la reggenza dell'ammiraglio Miklós Horthy era quindi limitato a 35.000 uomini in sette brigate miste e senza armature. Le unità di fanteria rimasero al livello pre-GWP, praticamente senza mitragliatrici, mortai (solo 70 mortai leggeri e medi) o artiglieria pesante (solo 105 obici da 10,5 cm). Naturalmente, i nuovi re del campo di battaglia, come gli aerei e i veicoli corazzati, furono completamente banditi.

La situazione era molto difficile per l'Ungheria, ma lo divenne ancora di più quando negli anni '30 tutti i suoi vicini riuscirono a riarmarsi in misura molto maggiore rispetto a lei. Cecoslovacchia, Romania e Jugoslavia divennero di gran lunga superiori in termini di armi e numeri e, come se non bastasse, firmarono trattati di assistenza reciproca, lasciando l'Ungheria parzialmente circondata e indifesa.

Di fronte a tutto ciò che poteva arrivare (la Cecoslovacchia aveva le poche aree industriali del Paese a un tiro di schioppo), l'Esercito ungherese cercò di fare in modo che i suoi piccoli numeri non costituissero un limite per un'adeguata preparazione che lo rendesse un'efficace forza combattente in grado di fermare qualsiasi tentativo di invasione da parte dei suoi vicini. Ma questo non bastava, così nel 1934 si cercò un alleato esterno, che non era altro che l'emergente Germania.

Nello stesso anno, il 1934, l'Ungheria iniziò ad aumentare il proprio potenziale bellico acquisendo materiale straniero, in particolare 150 carri armati italiani CV-33 Fiat-Ansaldo (poiché questi veicoli erano obsoleti, la maggior parte di essi rimase in deposito e solo 15 vennero utilizzati a scopo di addestramento) e 12 veicoli corazzati Fiat L2.

A questo punto emerse la figura di Nicholas Strausser, un ungherese che aveva vissuto per anni nel Regno Unito e che, al suo ritorno, progettò un veicolo blindato su ruote basato sull'Alvis C2, che chiamò Csaba. Era armato con un cannone da 20 mm che, insieme alla sua mobilità, permise all'Honved di ordinarne rapidamente 100 unità, prodotte da Manfred Weiss.

Strausser stesso progettò un prototipo di carro armato, ma fu rifiutato dal governo ungherese, per cui si dovette cercare all'estero le licenze per la produzione di un altro modello. Fu scelto il carro armato svedese Landswerk L-60, di cui si decise di costruirne 80 unità in Ungheria. Gli fu dato il nome di Toldi I. Pur essendo un carro armato, mancava di un cannone e di una corazzatura adatti all'epoca, poiché il suo cannone da 20 mm e lo spessore della corazza frontale di 13 mm non erano assolutamente all'altezza dei carri armati dell'epoca. Vero è che si cercò di compensare questa mancanza di corazzatura aumentandola a 35 mm nell'ordine successivo di altri 80 Toldi, in questo caso chiamati Toldi II.

Quando la Germania nazista iniziò a esercitare una maggiore influenza in Europa, l'Ungheria divenne diffidente e cercò di trovare nuove soluzioni. Il risultato fu l'Accordo di Bled del 1938 tra l'Ungheria e i suoi vicini rivali per allentare alcune delle restrizioni del Trattato di Trianon, che comprendeva non solo la non aggressione contro l'Ungheria, ma anche la possibilità di creare una forza aerea e di aumentare le dimensioni e la composizione dell'esercito.

Hitler, con la sua Germania nel bel mezzo di un processo di riarmo, non accettò di buon grado questo accordo, per cui le esportazioni di materiale bellico in Ungheria furono molto limitate. Ancora una volta, l'Ungheria si trovò sotto il fuoco incrociato dei suoi potenti vicini. Una parte dell'opinione pubblica ungherese guardava con favore alla Germania, soprattutto dopo l'Anschluss del 1938 sull'Austria e sui Sudeti (appartenenti al nemico cecoslovacco). Un altro importante gruppo di opinione preferiva il riavvicinamento con l'Italia di Mussolini, altra potenza in ascesa in Europa.

▲ I carri armati ungheresi FIAT 3000B non parteciparono al conflitto armato a causa dell'obsolescenza, anche se in questa foto, scattata nel 1942, erano ancora in servizio.

▲ Della Straussler V4 di origine ungherese è stato prodotto un solo prototipo, che non ha avuto seguito.

1938: L'UNGHERIA CERCA DI FARSI STRADA IN EUROPA

PRIME AZIONI DI COMBATTIMENTO

Nel 1938, in seguito alle rivendicazioni territoriali della Germania sulla Cecoslovacchia, l'Ungheria colse l'occasione per recuperare parte dei suoi territori persi durante la Prima Guerra Mondiale. Sebbene queste rivendicazioni mettessero sia gli ungheresi che i cecoslovacchi in piena disponibilità al combattimento, alla fine, il 5-10 novembre dello stesso anno, i territori settentrionali storicamente ungheresi vennero pacificamente occupati da quattro corpi di fanteria con un totale di sette compagnie di carri armati.

La tanto attesa disgregazione della Cecoslovacchia venne sfruttata dall'Ungheria per affermare, ora con la forza, i propri diritti sulla Rutenia (parte del territorio che era stato ungherese e che ora faceva parte della Cecoslovacchia). In questo caso anche il Reich tedesco era contrario alle intenzioni ungheresi ma, basandosi sul fatto che la popolazione ungherese in Rutenia era numerosa, decise di fare il passo avanti.

La campagna iniziò il 15 marzo 1939 con l'avanzata dell'VIII Corpo Mobile; i primi scontri avvennero a Francsika (Francikovo) e Nagyszöllös (Novy Sel) all'alba dello stesso giorno. L'assalto ungherese contro le truppe nemiche fu così rapido che il 17 le compagnie di carri armati Ansaldo ungheresi raggiunsero il confine polacco. Durante la loro avanzata, furono catturati materiali bellici agli avversari, tra cui un Lt. 35 (o Pz 35) completamente intatto. Gli attacchi degli aerei slovacchi Letov S.328 contro il 2° Battaglione di artiglieria motorizzata furono registrati fino al 24 marzo.

Dopo una breve resistenza da parte delle truppe nazionaliste ceche, slovacche e ucraine, gli ungheresi raggiunsero i loro obiettivi in meno di dieci giorni: la parte orientale della Rutenia, l'Ungvar e il Münacks, che vennero così annessi.

Per quanto riguarda le prestazioni in combattimento dei veicoli corazzati, era chiaro che la maggior parte dei carri armati Ansaldo non era in grado di resistere a un impegno contro un nemico sottopotenziato per meno di due settimane. Problemi meccanici, rotture e mancanza di equipaggiamento di ricambio decimarono completamente questi mezzi corazzati italiani.

Tuttavia, l'Ungheria, dopo la sua azione fulminea, tornava ad avere un certo peso nell'Europa militarizzata della fine degli anni Trenta; ma era solo un'immagine ingannevole che il tempo avrebbe presto smascherato.

▲ Questi carri armati Ansaldo del 2° Battaglione di Ricognizione da qualche parte in Transilvania nel 1940 mostrano perché l'emblema nazionale non era molto apprezzato dagli equipaggi. Erano un vero e proprio bersaglio mobile.

Cambi territoriali in Ungheria (1920 - 1941)

- Ungheria (Trattato di Trianon, 1920)
- Primo arbitrato di Vienna (1938)
- Occupazione dei resti della Rutenia (1939)
- Secondo arbitrato di Vienna (1940)
- Territorio yugoslavo recuperato (1941)

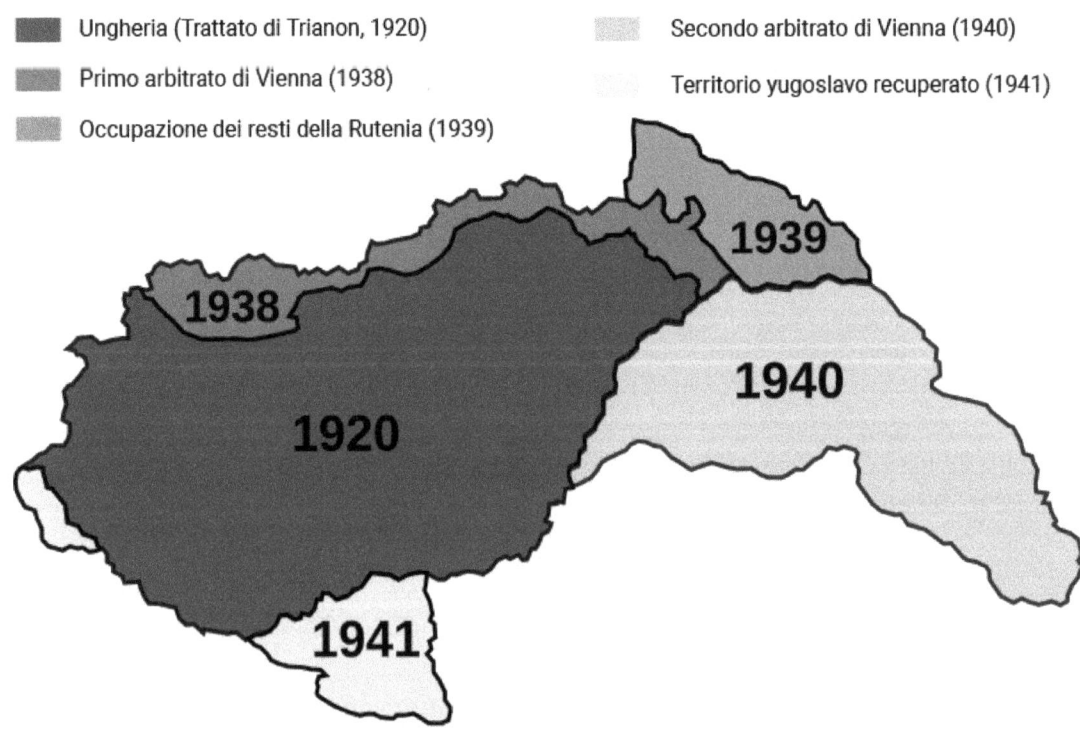

1939: INIZIA LA SECONDA GUERRA MONDIALE

I DADI INIZIANO A GIRARE

Solo pochi mesi dopo la cattura della Rutenia, iniziò la Seconda Guerra Mondiale. A quel punto l'esercito ungherese era composto da 9 corpi d'armata, 1 corpo mobile, 25 divisioni e 18 reggimenti, oltre ad altre unità miste di confine, ecc. Tra questi merita particolare attenzione il Corpo mobile, che era il fiore all'occhiello dell'esercito e comprendeva due brigate motorizzate e due brigate di cavalleria, oltre ad altre unità minori.

Lo scoppio della guerra mondiale portò un nuovo movimento in Ungheria, che finalmente vide il momento di liberarsi dalle limitazioni imposte dal Trattato di Trianon. Il suo esercito cominciò a crescere a ritmi vertiginosi, nonostante il divieto, perché era stato sottoposto a un addestramento militare dalla fine della Seconda Guerra Mondiale e doveva solo essere ristrutturato. Era ora più che mai necessario acquisire materiale bellico migliore e più moderno, sia dalla limitata industria nazionale che dall'estero. La Germania e l'Italia erano ovviamente i principali fornitori, sia di materiale proprio sia di quello proveniente dai bottini di guerra dei Paesi che venivano conquistati. Infatti, dopo l'attacco tedesco alla Polonia, 19 carri armati polacchi in ritirata arrivarono in Ungheria e furono internati.

Oltre ad altre armi e concentrandosi sull'aspetto delle forze corazzate, furono acquisiti i carri armati T-38 o Pz 38 (dalla Germania, ma di origine cecoslovacca) e i già citati Toldi o Csaba (di produzione nazionale).

▲ L'arrivo di alcuni piccoli veicoli corazzati polacchi nel 1939, al momento dell'invasione della Polonia, aumentò leggermente il potenziale corazzato ungherese. La foto mostra uno dei carri armati TKS trasportato su un camion e alcuni soldati polacchi.

▲ Vista frontale di un Toldi I con cannone da 20 mm, chiaramente insufficiente per un carro armato.

1940-1941: L'UNGHERIA PASSA SOTTO L'"OMBRELLO" TEDESCO

IL PATTO CON LA GERMANIA

Il nuovo obiettivo dell'Ungheria belligerante questa volta era la Transilvania, in possesso della Romania dopo il Trattato di Trianon. Nell'estate del 1940 il territorio fu reclamato dal governo rumeno (che all'epoca era minacciato dalla rivendicazione da parte dell'URSS delle regioni della Bucovina e della Bessarabia), mentre l'esercito ungherese era stanziato ai confini rumeni nel sud-est dell'Ungheria. In questa occasione, le truppe corazzate erano composte dall'obsoleto Ansaldo, dal ben più valido 38 M Toldi (40 in totale) e dal carro armato M39 Csaba (13 in totale), da poco incorporato nell'esercito ungherese e vanto dell'industria bellica nazionale.

Il 28 agosto 1940, dopo che la rivendicazione della Romania nei confronti della Germania come arbitro del conflitto fu accettata dai magiari, la restituzione della Transilvania all'Ungheria fu definitivamente confermata. L'effettiva presa di possesso del territorio da parte degli ungheresi avvenne tra il 5 e il 13 novembre.

Le conclusioni della campagna furono molto positive dal punto di vista politico, ma per quanto riguarda le loro forze corazzate si ripeté la stessa cosa della cattura della Rutenia, in quanto l'Ansaldo, il Toldi e lo Csaba necessitavano di urgenti lavori di manutenzione solo per il gusto di conquistare le selvagge terre della Transilvania e nonostante il fatto che non fossero costretti a combattere.

Con la Germania e l'Italia in giro per l'Europa, l'Ungheria si unì infine al Patto Tripartito dell'Asse tra Germania, Italia e Giappone nel novembre 1940.

Poiché all'invasione della Polonia seguì il confronto in Europa occidentale, l'Ungheria continuò il suo processo di modernizzazione e di crescita senza alcuna minaccia proveniente dall'esterno dei suoi confini. Questo periodo di pace, solo parzialmente interrotto dalla vicenda della Transilvania, si interruppe bruscamente quando nella primavera del 1941 l'Ungheria, come conseguenza della sua adesione all'Asse, partecipò all'invasione tedesca della Jugoslavia, sostenendo il suo alleato. La Germania non aveva realmente bisogno del sostegno militare ungherese, ma con la promessa di poter annettere il territorio della Drava (precedentemente ungherese), accettò di farlo.

La modalità di partecipazione fu attraverso la III Armata ungherese, che iniziò la sua avanzata l'11 aprile in direzione del Danubio presso la Baranya (solo 5 giorni prima il grosso delle truppe tedesche aveva iniziato l'attacco alla Jugoslavia). La 3ª Armata ungherese era composta dal I, IV e V Corpo d'armata e dal Corpo mobile. Per quanto riguarda quest'ultimo, si notava la progressiva aggiunta dei nuovi 38M Toldi e 39M Csaba ai già pesantemente malconci 35M Ansaldo. Ciononostante, le truppe ungheresi non erano equipaggiate ed equipaggiate al 100%.

Le truppe ungheresi incontrarono una leggera resistenza da parte della 1ª Armata jugoslava, che poté essere schiacciata senza grandi sforzi dopo limitati combattimenti a Topolya (Backa Topola) l'11, Szettamás (Srbobran) il 12 e 13, Petröc (Backi Petrovac), Dunágalos (Glozan) e

▲ Un carro armato Csaba supera un posto di blocco controllato dagli ungheresi al fronte.

Újvidék (Novi Sad) il 13.
Il numero di vittime nella campagna jugoslava fu piuttosto basso a causa della debole resistenza dei magiari, così che i grandi limiti delle forze corazzate ungheresi e delle forze armate ungheresi in generale non erano ancora evidenti.

LA CAMPAGNA USSR DEL 1941

Solo con l'Operazione Barbarossa, lanciata il 22 giugno 1941 contro l'Unione Sovietica, l'Ungheria si trovò di fronte a un nemico che le avrebbe reso la vita molto difficile. Inizialmente l'Ungheria non partecipò a questa operazione, ma dopo il presunto bombardamento sovietico delle città ungheresi di Kassa e Munkacs il 26 giugno, il 27 giugno fu dichiarata guerra all'URSS. Il bombardamento causò in realtà pochi danni materiali e umani, ma la reazione dell'esercito e della stampa ungherese, che chiedeva vendetta per un atto così vile, portò alla guerra sul fronte orientale. Non è chiaro se il bombardamento fosse sovietico o meno, ma è certo che servì a far sì che l'Ungheria si unisse allo sforzo bellico tedesco.

Il 27 giugno 1941 le truppe ungheresi del cosiddetto Gruppo "Carpazi", composto dal Corpo mobile (noto come Gyorshadtest), dalla 1ª Brigata di montagna e dall'8ª Brigata di frontiera, iniziarono ad avanzare con una forza stimata in 44444 uomini verso il territorio sovietico dal fronte dei Carpazi sotto il comando del tenente generale Ferenc Szombathelyi, venendo integrate nella XVII Armata tedesca. L'8ª brigata di frontiera aveva il compito di conquistare e controllare il passo di Uszok nei Carpazi per assicurarsi l'accesso alla parte più orientale dell'Ungheria. Il Gyorshadtest fu assegnato all'area di Huzst-Marmarossziget-Borkut. Per la campagna che si stava preparando sul fronte sovietico, il Corpo Mobile al comando del Maggiore Generale Béla dálnoki Miklós era al 75-80% del suo potenziale ottimale, ma raggiunse un totale di 81 Toldi I da 38M, 60 carri Ansaldo da 35M e 48 Csaba da 39M (in seguito si sarebbero aggiunti 14 Toldi, 5 carri Ansaldo e 9 Csaba per sostituire i veicoli dismessi).

Il Gyorshadtest, sebbene fosse l'unità meccanizzata dell'EH, era ancora lontano dall'essere

▲ Segni che indicano il ritorno in Ungheria dalla Transilvania (Erdély in ungherese).

completamente meccanizzato e i suoi veicoli erano già tecnologicamente arretrati rispetto a ciò che doveva affrontare nelle vaste terre sovietiche. Questo Corpo era composto da diverse unità per un totale di circa 25.000 uomini e ufficiali ben equipaggiati. La sua stessa configurazione gli permetteva di agire come un'unità indipendente e, sebbene sulla carta fosse molto potente, in realtà era paragonabile a un Corpo motorizzato sovietico.

L'immediata entrata in azione delle proprie truppe in URSS era considerata di vitale importanza ai più alti livelli ungheresi, per cui queste unità non poterono essere completamente formate, lasciando il Gyorshadtest, come già detto, con solo il 75-80% di ciò che avrebbe dovuto essere, mancando di autocarri e di cavalli adeguatamente addestrati; anche se almeno in termini di morale e disciplina erano pronte per il combattimento. Tenendo presente che il tempo trascorso dalla mobilitazione del Corpo Mobile fino a quando fu considerato pronto per essere inviato al fronte fu di soli tre giorni.

La composizione del Corpo mobile al 29 giugno 1941 era la seguente:

- 1ª Brigata motorizzata (comandata dal Maggiore Generale Jenö Major).
    - 1° Battaglione motorizzato.
    - 2° Battaglione motorizzato.
    - 3° Battaglione motorizzato.
    - 9° Battaglione ciclisti.
    - 10° Battaglione ciclisti.
    - 1° Battaglione corazzato di ricognizione.
    - 1° Battaglione di artiglieria motorizzata.

- 2ª Brigata motorizzata (comandata dal Maggiore Generale János Vörös).
  - 4° Battaglione motorizzato.
  - 5° Battaglione motorizzato.
  - 6° Battaglione motorizzato.
  - 11° Battaglione ciclisti.
  - 12° Battaglione ciclisti.
  - 2° Battaglione corazzato di ricognizione.
  - 2° Battaglione di artiglieria motorizzata.
- 1ª Brigata di cavalleria (comandata dal maggior generale Antal Vattay).
  - 3° reggimento di cavalleria.
  - 4° reggimento di cavalleria.
  - 13° Battaglione ciclisti.
  - 14° Battaglione ciclisti.
  - 3° Battaglione corazzato di ricognizione.
  - 1° Battaglione di artiglieria a cavallo.
  - 3° Battaglione di artiglieria motorizzata.
- Per l'occasione, diverse unità furono aggregate al Corpo mobile.
  - I, V e VIII battaglione di artiglieria.
  - Battaglioni ciclisti VI e VII.
  - 150° Battaglione Segnali e 152° Battaglione Genio.

▲ La tanto attesa disgregazione della Cecoslovacchia fu sfruttata dall'Ungheria per affermare, ora con la forza, i propri diritti sulla Rutenia. Durante la sua avanzata, fu catturato materiale bellico agli avversari, in particolare un Lt. 35 (o Pz 35) completamente intatto, come si può vedere nella foto. 35 (o Pz 35) completamente intatto, come si può vedere nella fotografia.

▲ Il carro armato Csaba, fiore all'occhiello dell'industria nazionale degli armamenti, aveva linee molto attraenti, ma mancava di una corazzatura adeguata.

▼ Le truppe del 13° battaglione ciclisti si schierano al confine tra Romania e Ungheria nel settembre 1940.

▲ Una piccola colonna di carri armati Ansaldo fa una pausa. Al centro della foto un radiotelegrafista che utilizza una radio modello R-3 con antenna circolare.

▼ Nell'avanzata ungherese attraverso la Transilvania, i carri armati Toldi e Csaba svolsero un ruolo importante nei loro compiti di ricognizione e osservazione.

Ciascuna delle due brigate motorizzate che facevano parte del Corpo Mobile disponeva di 36 veicoli da ricognizione 38M Toldi I e 16 39M Csaba, mentre la 1ª Brigata di Cavalleria, che aveva missioni di ricognizione, era equipaggiata solo con 9 carri armati 38M Toldi I e 36 35MAnsaldo. In generale, tutto questo materiale corazzato avrebbe avuto poco da fare contro gli anticarro sovietici.

Dopo la conquista dei passi montani dei Carpazi a Pantyr e Tatár con la 1ª Brigata da Montagna, sarebbe stato il Gyorshadtest a sostenere il peso dell'avanzata attraverso la regione della Galizia per avanzare in territorio ucraino, ma ciò sarebbe stato possibile solo dopo che questi passi montani fossero stati ben assicurati. L'avanzata fu effettuata con l'intenzione di respingere e attaccare la 12ª Armata sovietica, composta da due Corpi di Fucilieri (il 13° e il 17°) e da un Corpo Meccanizzato (il 16°), per un totale di circa 56.000 uomini lungo una linea del fronte di oltre 250 chilometri.

L'avanzata iniziò molto lentamente, a causa delle numerose mine che i sovietici avevano piazzato nei passi di montagna, dei 21 ponti fatti saltare, del terreno difficile e delle infrastrutture molto basilari della rete stradale esistente. Inoltre, i sovietici dimostrarono un buon grado di preparazione militare in termini di imboscate e contrattacchi volti a rallentare l'avanzata ungherese. A causa di tutti questi fattori, nei primi quattro giorni fu possibile addentrarsi in territorio nemico solo per una decina di chilometri, dopo la conquista della città di Tatarov, ai piedi dei Carpazi. L'uso che i magiari fecero delle loro unità corazzate lasciò molto a desiderare, in quanto non vennero utilizzate nel modo o nel momento giusto, forse a causa della mancanza di esperienza nel loro utilizzo in combattimenti reali.

Fu solo quando i passi di montagna furono lasciati alle spalle che Gyorshadtest iniziò a mostrare le sue reali possibilità di addentrarsi nella vastità dell'URSS.

▲ Due carri armati Csaba in attesa della loro nuova missione nel 1940. Sebbene poco corazzati, furono molto utilizzati dalle forze di ricognizione corazzate ungheresi.

L'attacco alla 12ª Armata iniziò all'alba del 1° luglio e, nonostante l'inferiorità numerica e le pesanti perdite, gli ungheresi riuscirono prima a respingere e poi a respingere i sovietici, compiendo un'avanzata in territorio nemico di circa 100 chilometri. Il 7 luglio il Dniester era stato attraversato e sulla sua sponda più orientale era stata creata una testa di ponte. A causa dell'alta velocità di questa avanzata, la 1ª Brigata di montagna e l'8ª Brigata di frontiera, che marciavano a piedi, non furono in grado di seguire il Gyorshadtest. Vista l'impossibilità di queste brigate di seguire il corpo mobile, il colonnello generale Werth (capo dello Stato Maggiore ungherese) sciolse il Gruppo Carpazi, schierando queste unità a guardia del territorio occupato e lasciando il Gyorshadtest a disposizione del Gruppo d'armate tedesco Sud del maresciallo von Rundstedt.

Già al seguito di altre unità tedesche, il Gyorshadtest prese parte a diverse battaglie, agendo in modo decisivo in alcune di esse, anche se a costo di subire un numero significativo di perdite, sia umane che materiali. Di fronte a loro c'erano i sovietici che, sebbene in continua ritirata, continuavano a vendere a caro prezzo ogni chilometro avanzato nel loro territorio. Come parte della 17ª Armata tedesca, il Gyorshadtest partecipò alla marcia verso Kiev. Il 10 luglio conquistarono le città di Kamenets-Podolskiy e Smotrich. In seguito, il Gyorshadtest sarà assegnato al 1° Gruppo Panzer tedesco, che lo renderà il principale rivale del 17° Corpo di Fucilieri sovietico per diverse settimane.

Le condizioni deplorevoli delle strade fecero sì che l'11 luglio il comandante del Corpo Mobile optasse per sostituire le truppe motorizzate bloccate nel fango con truppe di cavalleria come punta di diamante della sua unità. Ciò permise di compiere ulteriori progressi, catturando Zwanczyk e Kurilova il 13 luglio e Rogosnec (presso il fiume Bug) il 19 luglio.

▲ Un'altra blindata Csaba messa fuori servizio da una mina nemica in Vojvodina nell'aprile 1941. Dal telone che la copre, questa dovrebbe essere stata inviata a un servizio di riparazione nelle retrovie per cercare di rimetterla in servizio.

Nei combattimenti che si svolsero tra il 19 e il 22 luglio (finalizzati alla cattura della Linea Stalin) gli ungheresi distrussero numerosi veicoli sovietici e catturarono almeno 13 carri armati e 12 pezzi di artiglieria, rompendo la linea difensiva sovietica. Nella sola area di Petschara, distrussero almeno 21 carri armati, 16 veicoli corazzati e 12 pezzi d'artiglieria. Le perdite non tardarono ad arrivare e almeno 6 38M Toldi I furono distrutti e 7 danneggiati, lasciando fuori servizio 3 39M Csaba. Il 23 un attacco ungherese della 2ª brigata motorizzata a Kopiyevka riuscì a smantellare le posizioni sovietiche. Solo due giorni dopo furono catturate le città di Trostianczyk e Gordiyevka.

Analizzando questi numeri, potrebbe sembrare che i veicoli corazzati ungheresi fossero un osso duro per i sovietici e, sebbene in un certo senso lo fossero in questo periodo, ciò era dovuto al fatto che affrontavano forze corazzate sovietiche composte anche da modelli obsoleti di veicoli corazzati come il BT-2, il BT-5, il BT-7, il T-26, il T-37 e il T-38 che, sebbene avessero cannoni di calibro maggiore rispetto ai loro avversari magiari, mancavano ancora di una corazzatura adeguata per resistere ai cannoni da 20 mm del Toldi I 38M.

In un paio di settimane le unità corazzate ungheresi avevano ricevuto un'importante battuta d'arresto dai sovietici, ma anche un'altra di non minore importanza a causa dell'asprezza del terreno conteso. Con così tanti veicoli fuori servizio, il 18 luglio furono inviati al fronte operai civili dalle fabbriche Manfred Weiss, Ganz e MAVAG per rimettere in servizio il maggior numero possibile di veicoli (tra cui almeno 30 carri armati Ansaldo).

▲ Una parte della flotta di veicoli ungheresi era costituita da motociclette con sidecar, che fornivano velocità e versatilità, oltre a un posto per il riposo degli equipaggi. Qui un ufficiale cerca di dormire sul suo CWS M111 Sokol 1000.

▲ Compagnia Csaba del 2° Battaglione di cavalleria corazzata in Vojvodina nell'aprile 1941.

▼ Sfilata ungherese guidata dai carri armati Ansaldo nel settembre 1940 in un villaggio della Transilvania.

▲ Un blindata Csaba temporaneamente fuori servizio dopo essere caduta in un fosso innevato.

Tra il 22 e il 29 luglio, durante il rastrellamento delle truppe sovietiche ancora posizionate a ovest del fiume Bug, pesanti combattimenti (soprattutto nella località di Budy) portarono alla perdita di 32 carri armati Toldi e 18 Ansaldo (i sovietici, invece, persero solo due carri armati in azione). La resistenza era sempre più accanita e le perdite cominciavano a creare seri dubbi sui prossimi scontri con i sovietici. L'Ansaldo si dimostrò ancora una volta inaffidabile su terreni accidentati e sotto forti sollecitazioni: in molte occasioni il motore si fermava in azione. L'unico modo per avviarlo era dall'esterno con una manovella, che costituiva un facile bersaglio per i poveri uomini dell'equipaggio che dovevano farlo. Questa azione segnò l'inizio della fine dell'uso di questi carri armati al fronte per ovvie ragioni.
Come se non bastasse, l'avanzata ungherese coincideva geograficamente con quella del loro "alleato" rumeno, per cui i tedeschi agirono rapidamente per permettere al Gyorshadtest di continuare la sua avanzata in Ucraina senza contattarli. Ciononostante, il 28 luglio, nell'unico caso in cui si trovarono sul loro fianco, il 3° Reggimento Calarasi dell'8ª Brigata di cavalleria rumena si ritirò di fronte al primo attacco sovietico ricevuto, lasciando di conseguenza in pericolo il fianco destro ungherese. Per evitare ulteriori danni, il vuoto sul fianco destro fu colmato dagli stessi ungheresi, che alla fine riuscirono a prendere il villaggio di Versad, vicino a Gordiyevka, durante i combattimenti.

Per compensare l'elevato numero di perdite delle unità corazzate, il 27 luglio furono inviati dall'Ungheria per ferrovia 14 38M Toldi I, 9 39M Csaba e 5 35M Ansaldo. Arrivarono a destinazione il 7 ottobre, quindi possiamo immaginare quanto fossero caotiche le comunicazioni con il fronte.

Il 31 luglio, il Gyorshadtest si trovava a sud-ovest di Umán, a ovest del fiume Bug, assistendo le truppe tedesche nell'accerchiamento di importanti unità sovietiche (la 6ª e la 12ª Armata sovietiche) in quella zona. Il giorno successivo gli ungheresi con la loro punta di diamante corazzata riuscirono ad attraversare il fiume Bug a Gayvoron, riuscendo a prendere Pervomaisk il 2, dove si collegarono con la 16ª Divisione Panzer tedesca. Da quella folgorante offensiva, i magiari si accinsero a fermare la loro avanzata e a cercare di tenere sotto controllo i nuovi territori occupati, dove numerose truppe sovietiche (la 6ª e la 12ª Armata) erano state lasciate dietro le loro linee in quella che sarebbe stata chiamata la sacca di Uman. Così, in collaborazione con le truppe tedesche, rafforzarono una seconda linea di accerchiamento attorno a queste unità sovietiche (il primo anello era costituito da truppe tedesche) controllando diversi ponti per prevenire eventuali attacchi sovietici dall'esterno volti a liberare i loro connazionali. In questa configurazione difensiva, le truppe ungheresi furono lasciate a sud e a ovest della sacca.

▲ Immagine di una fila di quattro carri armati Ansaldo 35M in un villaggio occupato nella zona dei Carpazi che mostra i movimenti delle truppe.

▲ I carri armati Ansaldo 35M, male armati e poco corazzati, in marcia per le strade di una città verso il fronte, potevano fare ben poco in combattimento.

▼ Il Toldi I si comportava adeguatamente su terreni fangosi, ma la sua scarsa corazzatura costituiva un handicap per il suo progetto complessivo.

▲ Il Gyorshadtest, parte della 17ª Armata tedesca, partecipò alla marcia verso Kiev. Il 10 luglio 1941 conquistarono le città di Kamenets-Podolskiy e Smotrich. La foto mostra un T-26 e un paio di camion distrutti tra Kamenets-Podolskiy e Tulcsin.

Ma, contrariamente a quanto si potrebbe pensare, il pericolo non veniva dall'esterno della sacca, bensì dal suo interno. Il 6 una coppia di Csaba in missione di ricognizione al comando di quello che sarebbe diventato il sottotenente László Merész individuò un gruppo di cavalleria sovietica che studiava i punti deboli dell'accerchiamento; lo respinsero con il fuoco dei loro veicoli. Ma la pressione dall'interno della sacca crebbe tanto che le truppe sovietiche accerchiate sferrarono un pesante attacco con l'intenzione di rompere l'accerchiamento in due direzioni (la 6ª Armata a sud e la 12ª Armata a est), cosa che riuscirono a fare sfondando la prima linea difensiva dove era schierata la 257ª Divisione tedesca il 6 agosto. Tuttavia, i sovietici non erano a conoscenza dell'esistenza del secondo anello dell'accerchiamento, il che li indusse a persistere nel tentativo di fuggire verso le posizioni tenute dagli ungheresi, che attaccarono ma che alla fine non riuscirono a superare. Le truppe che dovettero combattere i sovietici furono la 1ª Brigata di cavalleria, che era già in allarme dopo aver sentito i rumori dei combattimenti sovietici contro gli uomini della 257ª Divisione. Il Maggiore Generale Vattay inviò rapidamente in supporto gli uomini del 3° Battaglione Corazzato che tagliarono il tentativo di fuga verso sud, chiudendo nuovamente la sacca. Anche la 2ª Brigata motorizzata ungherese si mosse dalle sue posizioni a Dzulinka e attaccò l'accerchiamento da ovest. Nel frattempo le truppe tedesche ricostituite attaccarono da est con la 100ª e la 101ª Divisione leggera. Grazie alla brillante azione ungherese, l'8 agosto i sovietici accerchiati (circa 100.000 uomini) si arresero definitivamente, il che permise alle truppe dell'Asse di compiere importanti avanzate sulla sponda occidentale del Dnieper nella successiva controffensiva, controllando diversi punti di attraversamento del Dnieper.

▲ Una delle virtù del carro armato Ansaldo era la sua velocità, che raggiungeva i 43 km/h su terreni favorevoli. Un gruppo di questi carri armati del 1° Battaglione di Cavalleria Corazzata che avanza verso il fronte in posa per la macchina fotografica nel marzo 1939 durante l'occupazione dei Carpazi.

▼ Le truppe in bicicletta attraversano a fatica un villaggio per raggiungere la loro destinazione.

Più a sud, le avanzate delle truppe tedesche e rumene stavano raggiungendo i loro obiettivi, per cui si tentò di intascare diverse armate sovietiche, tra cui la 9ª e la 18ª tra i fiumi Bug e Dnieper. Dall'8 stesso, il Gyorshadtest fu integrato per l'occasione nel 1° Gruppo Panzer e prese parte a questa operazione dalla riva orientale del fiume Bug. Insieme a una compagnia di fucilieri italiani, gli ungheresi della 1ª Brigata motorizzata bloccarono i ponti sul fiume Bug tra Pervomaisk e Konstantinovka. La Brigata fu quindi inviata a sud tra il fiume Bug e l'autostrada Nikolayev-Vozsiyatske, mentre il resto del Gyorshadtest la seguì poco dopo. L'avanzata non si rivelò facile, in quanto furono pesantemente attaccati dall'aria, tanto che durante il 10 e l'11 andarono persi due carri armati leggeri e 12 veicoli corazzati, e 10 camion furono danneggiati....
Immediatamente i magiari ricevettero l'ordine di prendere Nikolayev lungo il corso del fiume Bug, per il quale furono supportati dalla propria aviazione sotto forma di bombardieri Ju-86K e di caccia CR.42 e Re-2000. Le lunghe distanze percorse e la carenza di benzina per i veicoli ungheresi causarono un ritardo nell'avanzata e il conseguente miglioramento delle posizioni difensive sovietiche; l'offensiva ungherese verso Nikolayev dovette essere considerata un fallimento in quanto non raggiunse i suoi obiettivi. La 16ª Divisione Panzer tedesca fu immediatamente assegnata al raggiungimento di questo obiettivo e le truppe ungheresi furono subordinate ai tedeschi.

▲ L'artiglieria da campo ungherese era già obsoleta allo scoppio delle ostilità, un problema che in genere persistette fino alla fine delle ostilità.

▼ Truppe motorizzate magiare aspettano il loro turno per attraversare un fiume. Sul ponte, l'onnipresente camion Botond di fabbricazione ungherese.

▲ Un fuoristrada Raba Botond che traina un rimorchio. Immagine scattata nel 1941.

▼ Cerimonia del 15° Battaglione Ciclisti dove si può vedere un carro armato Ansaldo, oltre ad altre armi anticarro e mitragliatrici.

▲ Diversi veicoli corazzati danneggiati assemblati in una caserma Honvéd a Mátyásföld. Si possono vedere un carro armato Csaba a sinistra, un carro armato sovietico BT-7 al centro della foto e un carro armato Turán a destra.

▲ Carro armato Csaba distrutto nel luglio 1941 a Rogazna (URSS). La sua scarsa corazza non lo rendeva molto resistente al fuoco nemico, anche se non era di grosso calibro.

Ungheria durante la Seconda Guerra Mondiale

- ◯ Ungheria nel 1920
- ◯◯ Ungheria nel 1941
- — Confini dell'Europa controllata dall'Asse (nel 1941)

▲ Il carro armato leggero Toldi, sebbene inferiore ai nemici sovietici, fu di grande utilità per le truppe corazzate ungheresi nelle missioni di ricognizione.

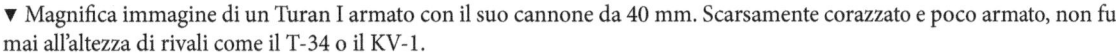

▲ Diversi carri armati Toldi vengono messi a punto e poco dopo inviati alle loro unità di combattimento. Questo carro armato di fabbricazione ungherese fu chiamato 38M Toldi in onore del guerriero ungherese del XIV secolo Miklos Toldi.

▼ Magnifica immagine di un Turan I armato con il suo cannone da 40 mm. Scarsamente corazzato e poco armato, non fu mai all'altezza di rivali come il T-34 o il KV-1.

▲ Primo piano di alcuni carri armati Csaba che hanno servito così bene durante il conflitto. Il veicolo a sinistra è ancora in attesa dell'armamento.

Continuando l'avanzata, gli ungheresi della 1ª Brigata motorizzata conquistarono il villaggio di Sukhoy Yelanets tra il 10 e l'11 agosto. Tra il 12 e il 14 agosto si svolsero diversi combattimenti nei pressi di Novaya Odessa, finché la città non fu finalmente conquistata dai tedeschi e gli ungheresi riuscirono a trattenere il nemico per permettere ai tedeschi di avanzare.

Il Gyorshadtest continuò poi l'avanzata, con la 1ª Brigata motorizzata che prese le città di Ingulka e Peresadovka il 15. Nel frattempo la 2ª Brigata motorizzata svolse un lavoro di "rastrellamento" nelle zone meridionali e sudorientali di Novaya Odessa; e la 1ª Brigata di cavalleria prese parte all'accerchiamento intorno a Nikolayev. L'assalto a quest'ultima il 16 agosto coinvolse tutte le unità del Gyorshadtest, con una carica di cavalleria ungherese supportata da mitragliatrici, un paio di cannoni anticarro e forse 4 o 5 39M Csaba del Battaglione di Ricognizione Corazzato della 1ª Brigata di Cavalleria che coprivano i fianchi. Nikolayev fu presa il 17, ma non prima che un gran numero di sovietici fosse riuscito a sfuggire all'accerchiamento.

Il Corpo mobile fu immediatamente incaricato di prendere posizione sulla riva destra del fiume Dnieper per circa 200 km alla sinistra della 3ª Armata rumena. Per alcuni giorni (dal 17 al 27 agosto) poté godere di un meritato periodo di riposo. Inizialmente le truppe ungheresi, poco consistenti, riuscirono a coprire un'area così vasta con grande sforzo, ma il 5 novembre un importante attacco sovietico alla linea difensiva della 2ª Brigata motorizzata nei pressi di Zaporozhets le costrinse a ritirarsi con pesanti perdite in termini di uomini e di equipaggiamento. Questa ritirata provocò il riordinamento magiaro, che portò al ritiro della 1ª Brigata motorizzata dalle sue posizioni (il suo posto fu preso dalle truppe tedesche) dalle posizioni vicino a Nikopol. Questa mossa ridusse la dispersione delle unità magiare a 150 km, una distanza più ragionevole considerando le cattive condizioni di combattimento del Gyorshadtest.

Fu durante questo schieramento sulle rive del Dnieper che la leadership ungherese, guidata da Horthy, iniziò a dubitare che le sue truppe sarebbero rimaste al fronte. Il primo passo verso il loro rimpatrio fu il licenziamento del filotedesco Werth, sostituito il 5 settembre 1941 dal colonnello generale Ferenc Szombathelyi. Fin dall'inizio, Szombathelyi era convinto che il suo esercito dovesse essere utilizzato esclusivamente per la difesa dei confini del Paese, ma si scontrò rapidamente con gli alleati tedeschi. Il suo approccio prevedeva che le migliori unità ungheresi dovessero trovarsi in territorio ungherese per prevenire qualsiasi attacco da parte della Romania (la rivalità tra i due Paesi era intatta nonostante avessero combattuto in URSS dalla stessa parte e persino spalla a spalla in alcuni casi), soprattutto nella regione della Transilvania. Per costringere i tedeschi ad accettare questa nuova strategia, egli impedì qualsiasi manutenzione o sostituzione dei veicoli persi durante la campagna di Gyorshadtest. Tra l'8 e il 9 settembre il quartier generale del Führer decise il rimpatrio parziale degli ungheresi sul fronte orientale: la 1ª Brigata di cavalleria poteva tornare immediatamente in Ungheria, ma le restanti unità (il Corpo mobile, la 1ª Brigata da montagna e l'8ª Brigata di frontiera) sarebbero tornate solo quando l'Ungheria avesse fornito quattro Brigate di fanteria per l'occupazione e i compiti di seconda linea sul fronte sovietico. La decisione tedesca di rimpatriare era dovuta al bassissimo valore di combattimento e all'urgente necessità di riorganizzare le truppe ungheresi, il che non impedì all'indebolito Corpo mobile ungherese di continuare a essere utilizzato fino al 24 novembre dello stesso anno. Tuttavia, tra il 27 settembre e l'11 ottobre, al Corpo mobile fu concessa una pausa dalle azioni di combattimento per riorganizzarsi e recuperare il più possibile la sua forza di combattimento.

Durante tutta la permanenza al fronte, i magiari dimostrarono un grande coraggio e un senso del dovere che li portò a diverse vittorie contro un nemico sovietico più abbondante e meglio equipaggiato. E sebbene sempre subordinato agli ordini tedeschi, in almeno un'occasione riuscì ad agire in modo indipendente (dopo che Dalnoki-Miklos rifiutò gli ordini del suo superiore Runstedt). Era il 19 ottobre quando, dopo la battaglia di Kiev, al Gyorshadtest, ormai esaurito, fu ordinato di attaccare frontalmente le difese sovietiche che avevano precedentemente respinto una moltitudine di attacchi tedeschi. La forza ungherese contava sei battaglioni e il disastro era alle porte, così Dalnoki-Miklos optò per una manovra di accerchiamento delle truppe russe, permettendo alle avanguardie tedesche che avanzavano nell'URSS di mantenere aperta la strada per Voroshilovgrad. Il 28 ottobre le truppe ungheresi riuscirono a raggiungere il loro obiettivo, la città di Isium sul fiume Donets.

Il Corpo mobile fu ritirato dall'azione in prima linea e il 6 novembre iniziò finalmente il rimpatrio in Ungheria.

Il risultato di poco meno di cinque mesi di pesanti combattimenti, con la difficoltà di mantenere i propri veicoli, unito alla mancanza di sostituzione dei caduti, è la causa di risultati complessivi disastrosi: circa 200 ufficiali e 2500 uomini furono uccisi, 1500 furono dispersi in azione e circa 7500 furono feriti. Il materiale corazzato fu decimato, con la perdita di tutti i carri Ansaldo, dell'80% dei carri medi Toldi I e del 90% dei restanti veicoli corazzati. In compenso, le truppe ungheresi avevano catturato oltre 8.000 sovietici e 65 cannoni, riuscendo a distruggere circa 50 carri armati. Inoltre, i magiari erano avanzati per oltre 1.000 chilometri in territorio sovietico, partecipando alla sacca di Uman, alla conquista di Nikolayev, all'occupazione della riva del Dnieper, raggiungendo il Donets, ecc. Nonostante ciò, l'opinione dei tedeschi sugli ungheresi era generalmente positiva, anche se la mancanza di un adeguato equipaggiamento militare, comprese le antiquate forze corazzate, li limitava fortemente.

Dopo l'esperienza in terra sovietica, l'Alto Comando ungherese si rese conto che era necessario procedere a un'ulteriore espansione e miglioramento dell'esercito e delle sue forze corazzate. Questa pianificazione fu chiamata "piano HUBA II", che era la continuazione del piano HUBA I che aveva avuto luogo prima della Seconda Guerra Mondiale. Questi cambiamenti si notarono a partire dalla fine del 1941, ma fu nel 1942 che il piano fu finalmente completato.

Anche se fuori tema, durante il resto del 1941, vale la pena menzionare l'azione delle unità di occupazione ungheresi di stanza sul fronte orientale, nella città di Reumentarovka. Lì, il 21 dicembre, una divisione leggera ungherese riuscì a eliminare il gruppo partigiano attivo sotto il generale Orlenko, che colpiva continuamente le retrovie dell'avanzata dell'Asse. In questa azione i sovietici subirono almeno un migliaio di perdite, tra morti, feriti e catturati.

1942: AZIONI IN UCRAINA

COMPITI DI OCCUPAZIONE E RITORNO IN PRIMA LINEA

All'inizio del 1942, la partecipazione ungherese sul fronte orientale si limitò alle già citate unità di occupazione che operavano nelle retrovie.
Ma la partecipazione attiva degli ungheresi al fronte era tutt'altro che conclusa, perché nella pianificazione delle operazioni per l'estate del 1942, la Germania richiese la massima assistenza ungherese nei combattimenti sul fronte orientale. In effetti, la richiesta iniziale della Germania avrebbe riguardato quasi tutto l'esercito ungherese. A fronte di ciò, e dopo ardui negoziati, gli ungheresi offrirono la loro 2ª Armata come alternativa. Hitler accettò questa possibilità e ordinò la subordinazione della 2ª Armata ungherese a uno dei suoi Gruppi d'armate.

Questa nuova unità magiara, con circa 200.000 uomini, fu riunita sotto il comando del colonnello generale Gusztav Jany e consisteva in tre corpi d'armata (il III corpo con le divisioni di fanteria 6°, 7° e 9°, il IV corpo con le divisioni di fanteria 10°, 12° e 13° e il VII corpo con le divisioni di fanteria 19°, 20° e 23°), la 1° divisione corazzata e diverse unità indipendenti come il 51° battaglione e il 51° battaglione corazzato, (la 12ª e 13ª Divisione di fanteria e il VII Corpo d'armata con la 19ª, 20ª e 23ª Divisione di fanteria), la 1ª Divisione corazzata e diverse unità indipendenti come il 51° Battaglione semovente antiaereo, il 1° Battaglione di ricognizione, il Battaglione di segnalazione, ecc.

▲ Un Turan I avanza in una zona di combattimento. Sul ciglio della strada si vedono le truppe magiare che fanno una pausa.

▲ Il prototipo Toldi I esegue un'esercitazione per dimostrare le sue capacità di attraversamento del territorio. Nonostante il grande balzo in avanti dell'industria militare ungherese, si trattava di un carro armato molto al di sotto di quanto richiesto in Europa all'inizio della Seconda Guerra Mondiale.

▼ Una coppia di Pz 38 attraversa un villaggio durante l'avanzata in territorio sovietico. Sebbene rappresentasse un passo importante per le forze corazzate magiare, era già obsoleto quando fu acquistato dai tedeschi.

▲ Soldati magiari osservano un carro armato sovietico T-28 messo fuori uso nel 1942.

Almeno in questa occasione le forze corazzate ungheresi erano migliorate rispetto al 1941, soprattutto grazie all'acquisizione di materiale dagli arsenali tedeschi, come i Panzer 38 (anche Pz 38 o Skoda 38 (t)) o i Panzer I e IV F-1 (forse c'erano anche alcuni modelli D), insieme ai carri armati leggeri nazionali Toldi (i Turán non erano ancora disponibili, quindi il peso dell'unità ricadeva sui veicoli provenienti dalla Germania). La 1ª Divisione corazzata, a causa del recente arrivo di nuovi equipaggiamenti, e l'intera 2ª Armata in generale, soffrivano di una mancanza di unità nelle sue varie unità costitutive.

Per sfruttare al meglio i nuovi veicoli tedeschi, è stata organizzata una formazione specifica per i futuri equipaggi dei veicoli. Così, tra il 10 gennaio e il 17 marzo, 38 ufficiali, 120 soldati e 52 tecnici meccanici furono addestrati a Wunsdorf (Germania). Al loro ritorno in Ungheria, furono inviati a Esztergomtábor, dove la Divisione corazzata era già in fase di organizzazione.

Una volta completato l'addestramento e pronta per essere inviata al fronte, la 1ª Divisione corazzata contava 12500 uomini, 185 veicoli corazzati, 453 motociclette, 1491 camion, 325 autovetture e 106 altri veicoli vari. L'unità era inoltre dotata di 24 cannoni anticarro da 37 e 50 mm, 22 obici da 105 mm, 8 cannoni antiaerei da 80 mm, oltre a mortai, fucili anticarro e mitragliatrici pesanti e leggere.

All'interno della 1ª Divisione corazzata, la sua punta di diamante era il 30° Reggimento corazzato, composto da due battaglioni. Ogni battaglione aveva una compagnia di carri pesanti con 11 Pz IV F-1, 3 Pz 38 e 1 38M Toldi; e due compagnie di carri medi con 20 Pz 38 ciascuna. Oltre a tutti i suddetti veicoli, c'erano i 3 Pz 38 e i due 38M Toldi modificati come veicoli medici dello staff del battaglione; i 3 Pz 38, i 2 38M Toldi e i 6 veicoli di comando dello staff del reggimento; i 6 Pz 38 del plotone carri di riserva e i 2 38M Toldi.

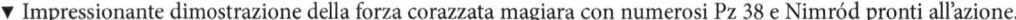

▲ Miklos Horthy ispeziona l'interno di un Pz IV F1. Si nota l'emblema ungherese dell'epoca, costituito da una croce verde con bordi bianchi su un ottagono rosso.

▼ Impressionante dimostrazione della forza corazzata magiara con numerosi Pz 38 e Nimród pronti all'azione.

Tutto questo ci porta a un numero totale, a livello del 30° reggimento corazzato, di 104 Pz 38, 22 Pz IV F-1, 6 Toldi e 6 Pz I; il che ci permette di apprezzare come i Toldi di produzione ungherese siano praticamente scomparsi dalle unità di combattimento, e che i carri armati 35M lo abbiano fatto completamente, venendo riciclati per compiti di sorveglianza nell'interno del Paese.

Oltre al 30° Reggimento corazzato, altri veicoli corazzati erano presenti nella 2ª Armata: il veicolo corazzato antiaereo Nimrod di 40 metri e il carro armato Csaba di 39 metri.

Il veicolo blindato antiaereo 40M Nimrod di costruzione ungherese faceva parte del 51° Battaglione semovente antiaereo, che aveva tre compagnie con 6 40M Nimrod e un 38M Toldi I al comando di ciascuna compagnia. A questi vanno aggiunti 3 38M Toldi e 1 40M Nimrod del Comando di Battaglione.

Il 39M Csaba era parte integrante del 1° Battaglione di Ricognizione, la cui compagnia di veicoli corazzati era composta da 14 unità.

Da parte sua, il battaglione di segnalazione aveva 4 38M Toldi I

Infine, la Divisione Depositi consisteva in una Compagnia di sostituzione con quattro Pz 38 e due Pz IV F-1.

▲ Un Toldi nuovo di zecca mostra lo stemma della Croce di Malta sulla parte anteriore e laterale della torretta nel 1941. Sulla torretta è visibile anche l'emblema delle truppe meccanizzate ungheresi.

▲ Sebbene le truppe corazzate ungheresi si siano comportate bene in combattimento, le forze corazzate ungheresi hanno sempre mancato di un numero adeguato di carri armati moderni al pari dei nemici sovietici. La fotografia mostra un Pz IV F1 in primo piano con la targa ungherese sul davanti.

▼ Veicoli antiaerei Nimród che dimostrano la potenza di sollevamento del loro cannone durante le manovre. Solo 135 di questi magnifici veicoli sono stati prodotti in Ungheria, ma hanno svolto un ruolo importante nelle battaglie a cui hanno partecipato.

▲ Il Nimród svolgeva adeguatamente la sua missione antiaerea e anticarro nonostante il calibro di 40 mm del suo cannone, grazie alla sua elevata cadenza di fuoco.

▼ Una colonna di carri da ricognizione Csaba fa una breve pausa prima di continuare la marcia.

L'ordine di marcia verso l'Ucraina controllata dai tedeschi non tardò ad arrivare, anche se, per impossibilità logistiche, dovette essere eseguito in tre fasi consecutive. I primi a partire, l'11 aprile, furono il quartier generale della 2ª Armata e il III Corpo d'armata (con la 6ª, 7ª e 9ª Divisione leggera), seguiti il 30 maggio da un secondo contingente del IV Corpo d'armata (con la 10ª, 12ª e 13ª Divisione leggera) e infine dal VII Corpo d'armata (con la 19ª, 20ª e 23ª Divisione leggera), dalla 1ª Divisione corazzata e dal resto del personale della 2ª Armata. Per spostare la 2ª Armata sul fronte orientale furono necessari 875 treni con una media di 55 vagoni merci ciascuno.

Parte della 2ª Armata ungherese del generale Jany (in particolare il III Corpo d'armata, con il resto delle componenti dell'armata in ritardo) fu aggregata al Gruppo d'armate B del maresciallo von Bock, composto anche dalla 4ª Armata Panzer, dalla 2ª e dalla 6ª Armata tedesche e dalla 3ª Armata rumena; la sua missione era quella di sostenere l'ala sinistra dell'avanzata tedesca verso Stalingrado. Questo Gruppo d'armate, insieme al Gruppo d'armate A, sarebbe stato il protagonista del Caso Blu (il piano di operazioni tedesco per l'estate 1942 nella parte meridionale del fronte orientale). Su ordine di Hitler furono integrati nella macchina tedesca tra la 6ª e la 2ª Armata (ad eccezione della 6ª Divisione leggera che fu lasciata a circa 300 km a ovest di Kursk con missioni di retroguardia antipartigiane). Poiché i tedeschi sostenevano il grosso dell'attacco in prima linea, le truppe dei Paesi alleati (ungheresi, italiani e rumeni) sarebbero rimaste come truppe di riserva a coprire il fronte del Don. I primi movimenti che avrebbero portato alla città di Stalingrado furono effettuati dal Gruppo d'Armate Weichs (che dipendeva dal Maresciallo von Hoth), che comprendeva la 4ª Armata Panzer, la 2ª Armata tedesca e il III Corpo d'Armata della 2ª Armata ungherese (all'epoca composto solo dalla 7ª e dalla 9ª Divisione Leggera, per cui i tedeschi le sostenevano con la 387ª Divisione di Fanteria e la 16ª Divisione Motorizzata). L'avanzata sarebbe avvenuta dalla regione di Kursk verso Voronezh, con gli ungheresi a coprire il fianco destro dell'avanzata tedesca. Di fronte alla rigida resistenza sovietica, gli ungheresi della 9ª Divisione leggera furono scelti il 28 giugno 1942 per conquistare la città di Tim, raggiungendola due giorni dopo e catturandola infine il 2 luglio.

Successivamente, alla 2ª Armata ungherese raggruppata (compresa la 1ª Divisione corazzata) viene ordinato di controllare un settore delle rive del fiume Don, arrivando nella sua area di schieramento il 7 luglio. La 2ª Armata ungherese sarà posizionata lungo un tratto di 200 chilometri della sponda occidentale del fiume Don con l'obiettivo principale di difenderla e impedire così qualsiasi tentativo di attacco sovietico. In questo momento, i sovietici avevano ancora tre teste di ponte nel settore occidentale del fiume: a Uryv, Korotyak e Shchuche (Shchuchye), molto pericolose perché a diretto contatto con le posizioni ungheresi. Questi tre sarebbero stati i principali obiettivi assegnati alle truppe magiare, anche se le teste di ponte di Uryv e Korotyak si sarebbero distinte, mentre quella di Shchuche era di dimensioni così ridotte da non preoccupare né gli ungheresi né i tedeschi. Nel loro schieramento, per avere a disposizione le loro forze corazzate in qualsiasi area della loro zona di sorveglianza, furono schierate in seconda linea in quanto considerate la riserva della 2ª Armata.

▲ Una colonna di Pz IV F1 della Compagnia carri pesanti del Battaglione carri magiaro avanza in territorio sovietico durante la campagna del 1942.

▼ Toldi di comando seguiti da un Toldi sanitario attraversano il guado di un fiume durante la campagna del 1942.

L'ordine di battaglia della 1ª Divisione corazzata in quel momento era il seguente (secondo Stenge e Cloutier):
- 30° Reggimento corazzato.
    - 30/I Battaglione corazzato (con le compagnie 30/1, 30/2 e 30/3).
    - 30/II Battaglione corazzato (con le compagnie 30/4, 30/5 e 30/6).
- 1ª Brigata di fucilieri motorizzati.
    - 1° Battaglione motorizzato di fucilieri.
    - 2° Battaglione motorizzato di fucilieri.
    - 3° Battaglione motorizzato di fucilieri.
- 51° Battaglione semovente antiaereo.
- 1° Battaglione motorizzato di segnalazione.
- 1° Battaglione Howitzer Medio Motorizzato.
- 5° Battaglione Howitzer Medio Motorizzato.
- 2° Battaglione antiaereo.
- 1° Battaglione di ricognizione.
- 1ª Compagnia di genieri.
- 1ª Compagnia di controllo del traffico.
- 1° Battaglione di rifornimento motorizzato.

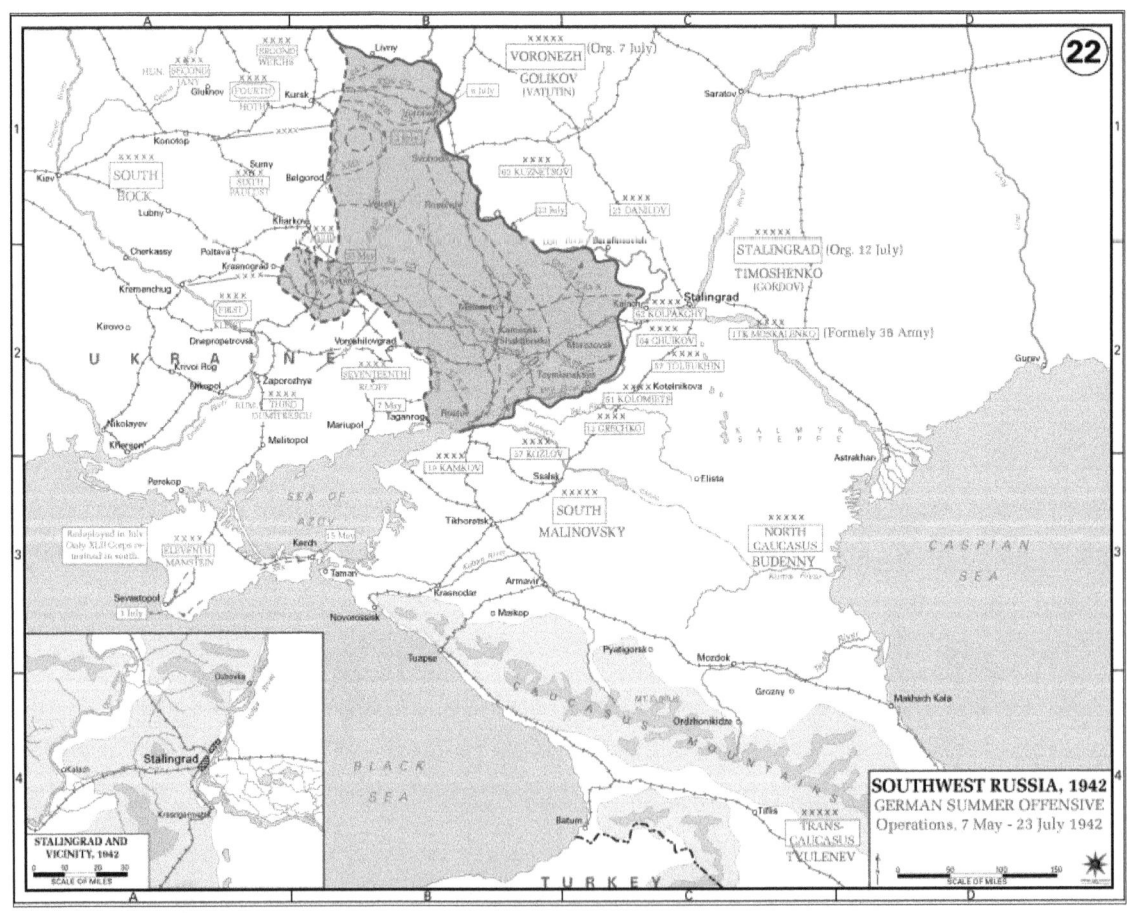

▲ Offensiva dell'Asse in Unione Sovietica tra il 7 maggio e il 23 luglio 1942.

A partire dall'8 agosto, i sovietici attaccarono la città ungherese di Kosteni. Dopo diverse avanzate e contromosse, gli attaccanti furono respinti, anche se non completamente, poiché rimasero ad occupare una piccola striscia di terreno paludoso sulla riva occidentale del Don. Il colonnello generale Jány, comandante della 2ª Armata, visto il grande pericolo per le sue truppe alla luce di quanto era accaduto a Kosteni, ritenne imperativo agire contro le teste di ponte sovietiche, quindi preparò le sue truppe, in particolare la 1ª Divisione corazzata, a questo scopo. Il suo primo obiettivo: Uryv.

PRIMA BATTAGLIA DI URYV

Il 18 luglio la 7ª Divisione leggera, appoggiata dalla 1ª Divisione corazzata, interruppe le ostilità. Per l'occasione, fu creato un gruppo di battaglia (come fecero i tedeschi in numerose occasioni durante il conflitto) composto dal 30/I Battaglione corazzato, dal 51° Battaglione semovente antiaereo e dal 1° Battaglione motorizzato di fucilieri. Accanto a questi, altre unità, soprattutto cavalleria e artiglieria, fornivano supporto.

Fu la 30/3 Tank Company, al comando del capitano Makláry, a sferrare il primo colpo contro le truppe sovietiche del 24° Corpo corazzato sovietico (che contava oltre 100 carri armati, tra cui i possenti T-34/76, oltre a T-60, KV-1 e M3 Stuart). In questo attacco gli ungheresi riuscirono a mettere fuori combattimento 21 veicoli corazzati nemici, più della metà dei quali erano PZ IV, che già cominciavano a dare una certa potenza alla forza corazzata ungherese (in questo impegno il caporale Roszik con il suo Pz IV riuscì a distruggere quattro carri armati nemici). L'avversario degli ungheresi era la 130ª Brigata corazzata sovietica (le altre due unità del 24° Corpo corazzato, la 4ª e la 54ª Brigata corazzata, erano state ritirate di fronte all'attacco ungherese) che, nonostante i suoi T-34/76 e M3 Stuart, fu completamente eliminata dalla testa di ponte dopo pesanti perdite. In questo impegno i veicoli antiaerei 40M Nimrod dimostrarono che la loro utilità poteva estendersi anche al combattimento a terra. Infatti, mentre la 30/1 Compagnia avanzava, i Nimrod della 3ª Compagnia del 51° Battaglione semovente antiaereo (al comando del capitano Henkey-Hönig) la sostenevano.

▲ BMW R-75 e moto sidecar Puch 350G appartenenti alla 3rd Motorcycle Company.

Improvvisamente i carri armati della 130ª Brigata corazzata sovietica piombarono da dietro e affiancarono i Pz 38. I Nimrod puntarono i loro cannoni da 40 mm sui sovietici e a una distanza di 500-600 metri lanciarono le loro raffiche di fuoco pur sapendo quanto inutile potesse essere lo sforzo. La fortuna favorì la contraerea ungherese, tuttavia, poiché uno dei colpi riuscì a perforare la visuale del pilota di un T-34 e a distruggerlo. La stessa sorte toccò ad altri cinque carri armati (in questo caso gli M3 Stuart di origine americana) di fronte al fuoco continuo dei Nimrod. Gli ungheresi continuarono poi la loro avanzata e riuscirono a infliggere un altro duro colpo ai sovietici, schierati in cima ad alcune colline che si affacciavano sul fiume, che all'epoca era la via di fuga di molti uomini dell'Armata Rossa, utilizzando una moltitudine di piccole imbarcazioni di vario tipo. Molte di queste furono distrutte dal fuoco dei Pz IV e dei Nimrod, oltre che da un paio di carri armati apparsi sulla riva orientale del fiume. In cambio, almeno un Pz IV fu danneggiato dal nemico, anche se fu poi recuperato.

Durante i combattimenti, le truppe ungheresi ricevettero supporto aereo dai propri aerei. In particolare, quattro bombardieri Ca.135 4/1 erano responsabili di sganciare fino a quattro tonnellate di bombe sul nemico trincerato.

Dopo il primo giorno di combattimenti, gli ungheresi erano riusciti a eliminare i sovietici dalla testa di ponte, a distruggere almeno 31 carri armati sovietici e a catturarne quattro (forse tutti gli Stuart). Ma la controffensiva sovietica non si fece attendere e quella stessa notte, in concomitanza con la mancanza di rifornimenti tedeschi agli ungheresi per sostenere l'attacco, questi ultimi riuscirono a riprendere le loro posizioni a Uryv, respingendo gli ungheresi che furono infine ritirati sulle loro posizioni originarie il 20 luglio.

Dei quattro Stuart catturati, tre furono utilizzati come rimorchiatori nella stessa Divisione corazzata, mentre il quarto fu inviato in Ungheria per studi e test.

▲ Diversi carri armati Turán II conservati al coperto in un deposito militare in attesa di essere spediti all'unità di destinazione.

Questo combattimento contro i sovietici rese chiaro che l'unica arma che poteva garantire il successo contro la potente armatura sovietica era il cannone da 75 mm del Pz IV, poiché i cannoni da 37 mm del Pz 38 o i cannoni da 40 mm del Nimrod potevano causare danni al nemico solo a distanze molto brevi e solo se si trattava dei modelli più vecchi dell'arsenale corazzato sovietico. Dal punto di vista della prontezza delle forze corazzate ungheresi, era chiaro quanto bene utilizzassero l'addestramento ricevuto dagli istruttori tedeschi. Furono loro a insegnare la tattica di aspettare che gli equipaggi dei T-34 fossero accecati dal fumo dei loro stessi cannoni per poterli attaccare da posizioni più vantaggiose in una manovra avvolgente.

PRIMA BATTAGLIA DI KOROTOYAK

Subito dopo la fine della battaglia di Uryv, e a causa del continuo accumulo di forze sovietiche nelle teste di ponte del Don, lo Stato Maggiore ungherese decise di attaccare di nuovo, ma in questo caso la posizione scelta sarebbe stata il villaggio di Korotoyak, dove il nemico era aumentato di numero nelle ultime ore. La 10ª Divisione Leggera era stata costretta a retrocedere dal 73° Reggimento Fucilieri e dalla 174ª Divisione Fucilieri. Ancora una volta il grosso dell'attacco sarebbe stato portato dalla 1ª Divisione corazzata, rinforzata dalla 12ª Divisione leggera esaurita (appena arrivata dopo sei settimane di marcia verso il fronte) e sostenuta dall'aria dai Ca.135 che avrebbero sganciato circa 7 tonnellate di bombe sui sovietici. Gli ungheresi riuscirono a schierare 103 PZ 38, 20 PZ IV, 12 40M Nimrod, 7 38M

▲ Officina di manutenzione dove vengono revisionati alcuni carri armati Turán nel 1942.

▲ Una colonna di 40M Nimród nel 1944. Sebbene dotato di un cannone da 40 mm ad alto rateo di fuoco con una cadenza di 120 colpi al minuto non fosse all'altezza dei carri armati sovietici, questo veloce veicolo corazzato dimostrò più che bene la sua potenza contro i veicoli leggeri nemici, la fanteria o la cavalleria.

Toldi, oltre a sette cannoni anticarro. Questa battaglia sarebbe diventata nota come la Prima battaglia di Korotoyak.

Il 7 agosto alle 6 del mattino fu la data e l'ora scelta per l'avanzata delle truppe corazzate verso il Don, con l'obiettivo di eliminare le truppe sovietiche lì stanziate. Nonostante il successo dell'avanzata dei corazzati ungheresi da ovest della città, la resistenza del nemico fu così ostinata che non fuggì dalle sue posizioni (anche grazie all'appoggio di 12 T-34 che li sostenevano dall'altra sponda del fiume). Il costo del primo giorno di battaglia fu di tre Pz 38 distrutti insieme ad altri cinque dello stesso modello e due Pz IV temporaneamente fuori uso. I sovietici persero oltre 400 uomini tra morti e catturati e persero almeno un carro armato leggero che fu catturato.

Il giorno successivo un attacco di oltre 20 carri armati sovietici fu respinto e quattro di essi furono distrutti. In seguito i carri armati ungheresi furono utilizzati come artiglieria d'assalto per eliminare le aree di resistenza sovietica, riuscendovi parzialmente il 9 agosto. Questo successo ebbe anche il suo rovescio sotto forma di perdite per la 1ª Divisione corazzata, che perse 38 Pz 38, 2 Pz IV e 2 38M Toldi, oltre a 387 morti. È vero, tuttavia, che i servizi di riparazione in seconda linea riuscirono a mettere in servizio alcuni di questi carri armati.

In seguito a questo successo, gli uomini della 1ª Divisione corazzata furono urgentemente richiamati a Uryv per sostenere la 7ª Divisione leggera.

▲ BT 7 catturato dai sovietici ed esposto al pubblico nel 1942.

▲ T-26 messo fuori uso dai magiari.

▲ Un Pz 38 ungherese distrutto dopo i combattimenti. La targa del veicolo è chiaramente visibile.

SECONDA BATTAGLIA DI URYV

Come già detto, la testa di ponte di Uryv dopo la prima battaglia fu rinforzata dai sovietici. Tra le unità sovietiche, una delle nuove arrivate fu la 116ª Brigata corazzata con un grande contingente di T-34, T-60 e T-70.

Il 10 agosto gli ungheresi, guidati dalla 1ª Divisione corazzata e dalla 13ª Divisione leggera, iniziarono un nuovo attacco, che si rivelò infruttuoso. La pesante potenza di fuoco anticarro sovietica distrusse il 30/1° battaglione corazzato 10 Pz 38; pesanti perdite furono inflitte anche alle truppe di fanteria. Il risultato fu dapprima un arresto dell'avanzata e poco dopo una ritirata verso la linea di partenza del contrattacco ungherese.

▲ KV-1 messo fuori uso dagli ungheresi nel 1942.

▲ Diversi Nimród in colonna si preparano a sparare verso il ciglio della strada.

SECONDA BATTAGLIA DI KOROTOYAK

Non ci volle molto perché un nuovo attacco sovietico colpisse nuovamente gli ungheresi. L'8 e il 9 agosto (le date non coincidono completamente secondo le fonti esistenti), una nuova offensiva dalla testa di ponte di Korotoyak si scontrò con le preannunciate difese magiare. L'attacco fu condotto dalla 174ª Divisione fucilieri che aveva attraversato il Don dall'8 agosto per prendere posizione prima dell'offensiva, condotta senza preparazione di artiglieria per sorprendere i difensori.

Gli ungheresi resistettero al primo colpo a costo di perdere notevoli aree di terreno, ma l'attacco continuò anche il giorno successivo con un aumento delle perdite tra i difensori. Anche il trasferimento di unità della 1ª Divisione corazzata il 9 alla testa di ponte di Uryv (seconda battaglia), che lasciò solo il 30/II Battaglione corazzato a Korotoyak, non fu d'aiuto e i sovietici ne approfittarono per aumentare i loro attacchi. Nonostante ciò, i carri armati del 30/II riuscirono a tenere a bada gli attaccanti.

▲ I carri armati francesi, come questo Somua S-35 abilmente camuffato, venivano utilizzati dalle unità di seconda linea in compiti antipartigiani, a causa della loro obsolescenza per il fuoco di prima linea. Questa foto mostra un carro armato del 101° Independent Tank Squadron in un villaggio polacco a metà del 1943.

Dopo la fine della battaglia di Uryv, la 1ª Divisione corazzata tornò nelle vicinanze di Korotoyak, il che permise un contrattacco il 15 agosto a cui parteciparono, tra gli altri, anche la 12ª Divisione leggera ungherese e il 687° Reggimento di fanteria tedesco. In questa giornata furono distrutti almeno 10 carri armati sovietici (T-60 e M3), mentre il 30/3 un Pz IV andò perso a causa di una mina (che, sotto il comando del suo comandante Hegedüs, aveva precedentemente distrutto 4 M3). Anche tre Pz 38 del 30/I battaglione andarono persi, anche se curiosamente due di essi furono persi a causa del fuoco "amico" del 687° reggimento. I T-34 dimostrarono la loro superiorità sugli "sfavoriti" Pz 38, le cui perdite aumentarono di altre tre unità il giorno successivo, dopo aver dovuto resistere a una nuova spinta sovietica a cui si era aggiunto il 957° Reggimento Fucilieri supportato da T-34.

Il logorio subito da entrambi gli schieramenti fu molto elevato, tanto che l'intensità dei combattimenti diminuì nei giorni successivi, fino a quando la linea del fronte si stabilizzò nuovamente intorno al 18 agosto, dopo che ungheresi e tedeschi erano stati cacciati da Korotoyak e dall'area circostante.

Le perdite ungheresi furono pesanti e riguardarono soprattutto la 1ª Brigata motorizzata di fucili e il 1° Battaglione di ricognizione, di cui 15 Pz 38 furono catturati dai sovietici. Dopo la seconda battaglia di Korotoyak, solo 55 Pz 38 e 15 Pz IV rimasero in servizio.

Dopo questi combattimenti, gli ungheresi furono finalmente ritirati da Korotoyak e le loro posizioni furono occupate dalla 336ª Divisione di fanteria tedesca, che riuscì a conquistare la testa di ponte all'inizio di settembre. Ciò ebbe ulteriori ripercussioni, poiché i sovietici decisero di concentrare le loro forze sulla testa di ponte di Uryv da quel momento in poi.

Gli ungheresi erano riusciti a tenere testa ai sovietici, ma il costo in termini di vite umane e soprattutto di equipaggiamento corazzato, portò i tedeschi a decidere di rinforzare la 1ª Divisione corazzata con quattro Pz IV F2 (che rappresentavano un miglioramento rispetto ai PZ IV F1 in dotazione agli ungheresi, in quanto dotati di cannoni lunghi da 75 mm L/43 anziché di cannoni corti da 75 mm L/24). Questi carri armati furono ricevuti alla fine di agosto e aumentarono notevolmente la capacità di combattimento degli ungheresi.

Non bisogna dimenticare le prestazioni del 51° Battaglione semovente antiaereo in queste battaglie, che abbatté tra i 38 e i 40 aerei nemici (su un totale di 63 abbattuti dalle varie unità che componevano la 1ª Divisione corazzata).

TERZA BATTAGLIA DI URYV

All'inizio di settembre la 1ª Divisione corazzata, grazie ai rinforzi dei tedeschi e alla riparazione e rimessa in servizio di alcuni carri armati persi durante i precedenti combattimenti, aveva aumentato il suo numero a 85 Pz 38, 22 Pz IV (F1 e F2) e 5 38M Toldi. Soprattutto, era aumentato il numero dei Pz IV, che rimanevano gli unici avversari affidabili in combattimento contro i T-34 in crescita. Tornò presto in azione, mentre il XXIV Corpo corazzato tedesco del generale von Lagermann si preparava a un nuovo attacco alla testa di ponte di Uryv, previsto per il 9 settembre, con l'intenzione di distruggerla una volta per tutte.

La disposizione degli attaccanti era la seguente: sull'ala sinistra c'erano la 168ª Divisione di fanteria tedesca e la 20ª Divisione leggera ungherese supportata dal 201° Battaglione cannoni d'assalto con Stotozhevoye come obiettivo; e la 13ª Divisione leggera ungherese sul fianco destro con Uryv come obiettivo, mentre la 1ª Divisione corazzata supportava l'intera linea del fronte con i suoi mezzi corazzati. Anche la 7ª e la 12ª Divisione leggera ungherese avrebbero preso parte ai combattimenti.

L'attacco dell'ala sinistra incontrò una forte resistenza nelle vicinanze di Stotozhevoye, che era stata fortificata nel mese precedente. Anche i carri armati T-34 semisepolti (con le torrette esposte) parteciparono a questo bastione, insieme all'artiglieria multicalibro, ai bunker e alle migliaia di mine che disseminavano la testa di ponte. Oltre ai potenti T-34, anche i potenti KV-1 fecero sentire la loro presenza.

I combattimenti divennero feroci la sera di quel giorno, quando un gruppo di battaglia del 30/I battaglione si unì all'attacco. Anche in questo caso i carri armati Pz 38 dovettero avvicinarsi ai T-34 per distruggerli, così come il carro armato del sergente Csizmadia, che quel giorno vinse la grande medaglia d'argento al valore. Il 10 fu fatto un nuovo sforzo per prendere Stotozhevoye, essendo l'avanguardia del 30/3. In questo scontro diversi carri armati, sia Pz IV F-1 che Pz 38, andarono persi a causa dei corazzati sovietici.

Nel frattempo l'ala destra attaccò in direzione di Uryv, conquistando la maggior parte della città il 10. Questa vittoria fu però di breve durata, poiché una controffensiva sovietica riuscì a scacciarli poco dopo.

▲ Un Toldi IIa danneggiato mostra il suo cannone da 40 mm in primo piano. In particolare, porta l'emblema adottato dal 16 settembre 1942.

L'11, grazie agli sforzi di ungheresi e tedeschi, Stotozhevoye, completamente distrutta, viene finalmente conquistata. Immediatamente, per approfittare di questo colpo ai russi, truppe corazzate, tra cui il 30/II battaglione, furono inviate in direzione della foresta di Ottitsiha, dove consistenti truppe sovietiche erano trincerate in un terreno favorevole. Gli ungheresi furono duramente puniti perdendo numerosi veicoli corazzati sotto il pesante fuoco dei difensori, costringendoli a riorientare l'attacco verso sud-est. I sovietici, notando la delicatezza della situazione, inviarono la 54ª e la 130ª Brigata corazzata, con numerosi T-34 e KV-1, alla testa di ponte. Questi procedettero immediatamente a colpire gli attaccanti con il fuoco dell'artiglieria pesante dall'altra parte del fiume Don, ma senza impedire ai sovietici di ritirarsi. Le truppe tedesche della 168ª Divisione di fanteria approfittarono di questo momento per conquistare le nuove posizioni e trincerarsi in tempo per prepararsi alla nuova controffensiva sovietica.

All'alba del 12, i T-34 e i KV-1 dimostrarono la loro superiorità contro i tedeschi appena trincerati, che furono respinti. I carri armati del 30/II battaglione guidati dal capitano Kárpáthy andarono loro incontro in un altro contrattacco quasi suicida. I veicoli corazzati sovietici, nettamente superiori ai Pz 38 ungheresi sia in termini di corazzatura che di armamento, ne distrussero un gran numero. Anche i Pz IV, che costituivano il nucleo della corazzatura ungherese, non furono in grado di eguagliare i KV-1 e caddero anch'essi sotto i colpi del rullo corazzato sovietico. Nonostante la carneficina, tuttavia, gli ungheresi, dando prova di grande coraggio, riuscirono a respingere l'attacco sovietico e a riconquistare Stotozhevoye.

▲ Il Toldi IIa era solo un piccolo miglioramento rispetto al Toldi II, ma era ancora molto lontano da ciò che la forza corazzata magiara richiedeva.

Alla fine del 12, solo 4 Pz IV e 22 Pz 38 erano ancora in condizioni di combattere; il giorno successivo riuscirono a distruggere 8 veicoli corazzati T-34 e a danneggiare 2 KV-1 della nuova offensiva sovietica. Il 14 i sovietici non erano ancora riusciti a prendere Stotozhevoye, dove si erano trincerati ungheresi e tedeschi. Molti dei fanti russi vennero fermati dai cannoni Nimrod, i cui cannoni azzerati impedirono ai russi di riuscire nell'impresa. Con continui scontri si giunse al 16°, quando un nuovo attacco sovietico fu fermato, causando la distruzione di almeno 24 carri armati (tra cui 6 KV-1) sia per azione dei carri ungheresi che dei cannoni anticarro e d'assalto tedeschi. La terza battaglia di Uryv si concluse lo stesso giorno, con una pausa per entrambe le parti.

La 1ª Divisione corazzata ungherese rimase con solo 2 Pz IV F-1 e 12 Pz-38 dopo i pesanti combattimenti, subendo perdite per 1237 morti e 6163 feriti. Il risultato complessivo fu che la testa di ponte non poté essere eliminata e le perdite furono così pesanti che le forze corazzate ungheresi rimasero senza capacità di combattimento. La 1ª Divisione corazzata, gli squadroni di cavalleria e i battaglioni di ciclisti dovettero essere ritirati dalla prima linea per formare truppe di riserva. Fortunatamente ci fu un breve periodo di tregua per gli ungheresi fino al gennaio 1943 (interrotto solo da un breve scontro con le truppe corazzate sovietiche il 19 ottobre), quando dovettero affrontare una nuova offensiva sovietica durante l'operazione Ostrogozhsk-Rossosh.

L'esito dei combattimenti per gli ungheresi fu agrodolce, perché sebbene avessero combattuto ad alto livello (come i loro avversari sovietici), le perdite erano state spaventose. Ma dove la chiara inferiorità degli ungheresi era più evidente era nei loro armamenti, che erano diventati completamente obsoleti e sotto-armati rispetto ai sempre più potenti rivali sovietici, come il KV-1 e il T-34.

Questa mancanza di potenza contro i corazzati nemici non era migliorata nonostante l'uso del Toldi I o del Pz 38, e solo occasionalmente era stata invertita con l'arrivo del Pz IV. Di fronte a questa situazione allarmante, il governo ungherese fu costretto a pianificare nuove strategie di armamento per migliorare le capacità corazzate ungheresi nel prossimo futuro. Come prima misura di emergenza per compensare le pesanti perdite ungheresi e per ricostruire la 1ª Divisione corazzata, i tedeschi accettarono di dare loro, nell'ottobre 1942, 10 Pz IV F-2, 10 Pz III M e forse tra 4 e 8 Pz II F. Inoltre, a dicembre, 10 StuG III N tedeschi con equipaggi tedeschi sarebbero stati subordinati agli ungheresi. Come curiosità, i Pz III, integrati nello squadrone corazzato 30/5, dovettero essere utilizzati con personale tedesco (circa 50 uomini tra ufficiali, sottufficiali e soldati del 6° Reggimento Panzer), mentre gli ungheresi venivano addestrati, a causa della mancanza di personale specializzato.

Indipendentemente dall'arrivo di materiale straniero, le industrie ungheresi stavano già iniziando a lavorare su nuovi veicoli che nel giro di pochi mesi avrebbero prestato servizio in prima linea, come il Turán e lo Zrínyi, e che avrebbero aumentato il potenziale dell'Honvéd. Il 3 ottobre, il comandante dell'esercito Gusztáv Jány protestò con i tedeschi perché non gli erano stati forniti i pezzi di ricambio promessi per i suoi carri armati. I tedeschi fecero persino pressione sugli ungheresi affinché sostituissero il loro comandante, ma gli ungheresi rifiutarono.

L'unica azione ungherese di rilievo si svolse il 19 ottobre nei pressi di Storozhevoye con una parte della 30/I Brigata carri del capitano Mészöly, che distrusse quattro carri armati russi.

Alla fine di novembre l'Armata Rossa iniziò l'offensiva contro il fianco meridionale delle truppe dell'Asse nei pressi di Stalingrado, attraverso le linee italiane e rumene (ricordiamo che le posizioni ungheresi erano un po' più a nord). Questo attacco costrinse i tedeschi a inviare rinforzi da altre zone. Anche le truppe di retroguardia ungheresi vennero spostate, in modo da indebolire notevolmente la tenuta delle loro posizioni; un fatto che non sarebbe passato inosservato ai sovietici, che avrebbero puntato sulla città di Uryv per una seconda offensiva invernale su larga scala.

Di fronte alle linee ungheresi sul Don (che si trovavano sotto la città di Voronezh), erano stanziate le truppe dell'Armata sovietica del Fronte di Voronezh al comando del generale Golikov. Inizialmente si trattava della 40ª Armata (con otto divisioni di fucilieri, tre brigate di carri armati e tre divisioni di artiglieria), del 18° Corpo di fucilieri (con quattro divisioni di fucilieri e due brigate di carri armati) e della 3ª Armata corazzata (con otto divisioni di fucilieri, una brigata di fucilieri, un corpo di cavalleria, due corpi di carri armati e due divisioni di artiglieria).

A seguito delle esperienze negative che i magiari avevano subito in terra sovietica, dove era emersa l'estrema debolezza delle loro forze corazzate, l'Alto Stato Maggiore decise di realizzare la terza parte del piano HUBA, HUBA III. Questa si sarebbe sviluppata nel corso del 1943 e, dopo numerose ristrutturazioni e l'acquisizione di equipaggiamenti più moderni ed efficaci, avrebbe portato le truppe ungheresi a un livello di capacità di combattimento molto più elevato, con la 2ª Armata come standard. Sebbene questo piano cominciasse a prendere forma nel corso del 1943, non sarebbe mai stato completato come originariamente previsto a causa delle vicissitudini della guerra. È interessante notare che dal 1° dicembre la Brigata di Fanteria della Divisione Corazzata fu rinominata e organizzata come reggimento di fanteria motorizzata.

▲ In tempi di calma, la cura e la manutenzione del parco veicoli era necessaria, come nel caso di questo 38M Raba Botond.

▼ Impressionante immagine di un Nimród in movimento. La velocità e l'alta cadenza di fuoco erano i punti di forza di questi formidabili veicoli.

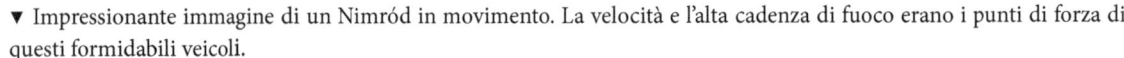

▲ Impressionante vista del cannone da 40 mm del Nimród, che ha svolto un ruolo importante nelle unità corazzate ungheresi.

▲ Interessante veduta aerea di due cannoni antiaerei semoventi Nimród durante un evento militare del 1943, che permette di vedere meglio il loro interno.

▼ Alcuni soldati ungheresi, ben equipaggiati contro il freddo, posano per il fotografo davanti a un Pz IV F1.

▲ Bella vista laterale di un cannone semovente antiaereo Nimród, uno dei successi dell'industria ungherese degli armamenti durante la Seconda Guerra Mondiale.

▼ Il nuovissimo prototipo Toldi II posa per la macchina fotografica con la sua sagoma mimetica ben delineata.

▲ Uno dei primi Pz IV F2 in mani ungheresi. Rispetto al modello F1, la potenza di fuoco era notevolmente migliorata.

▼ Il primo prototipo dello Zrínyi II era in acciaio.

▲ Truppe magiare durante un ingaggio nella loro avanzata in URSS nel 1942.

▲ Un 28M Pavesi che trasporta un obice da 15 cm 31M nel 1942.

▼ Offensiva dell'Asse in Unione Sovietica tra il 24 luglio e il 18 novembre 1942.

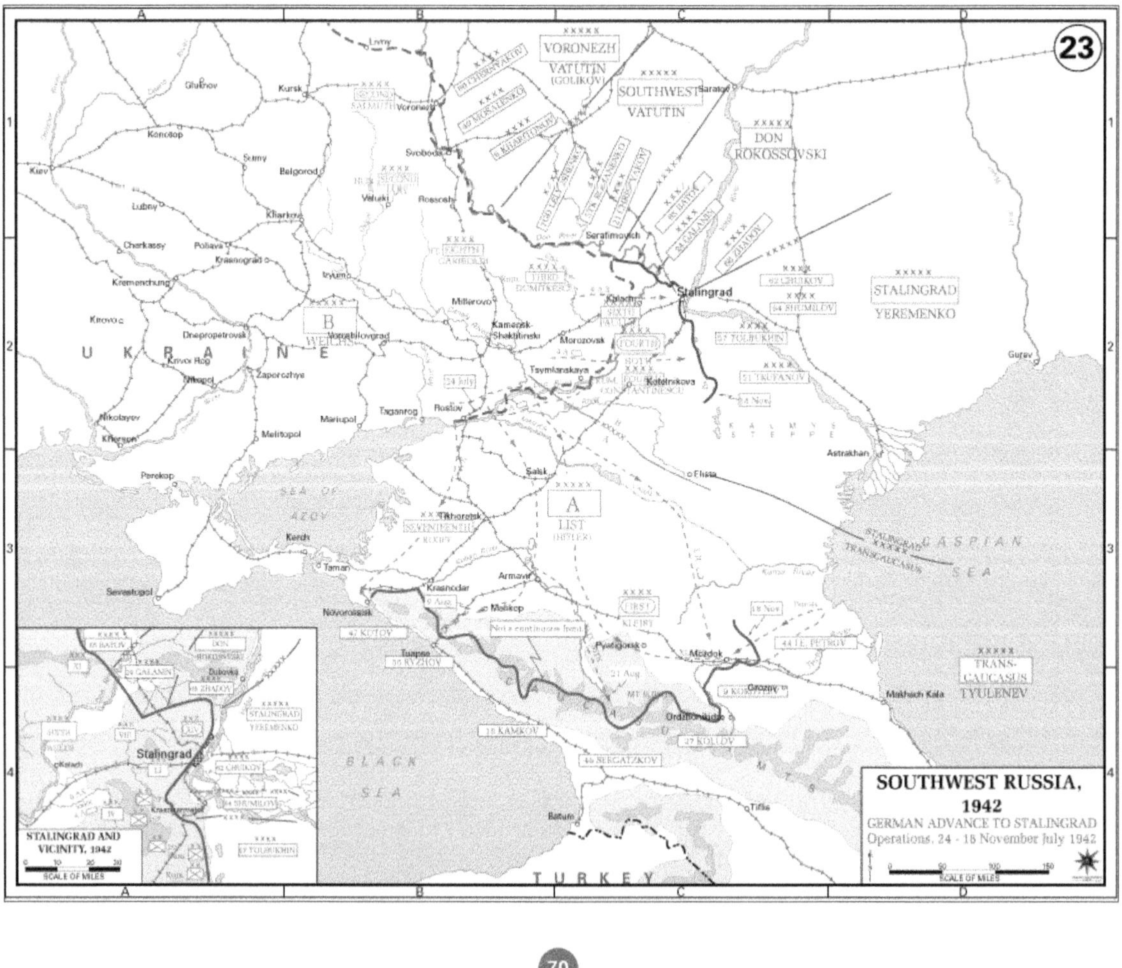

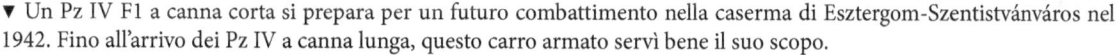

▲ Pz IV F1 in manovra lungo un pendio. Questo carro armato fu il primo veramente paragonabile ai suoi rivali che l'arma corazzata magiara ebbe a disposizione.

▼ Un Pz IV F1 a canna corta si prepara per un futuro combattimento nella caserma di Esztergom-Szentistvánváros nel 1942. Fino all'arrivo dei Pz IV a canna lunga, questo carro armato servì bene il suo scopo.

▲ Un soldato ungherese siede su un Toldi. Sulla torretta del carro armato sono ben visibili sia lo stemma ungherese, utilizzato per un certo periodo, che consiste in una croce verde con bordi bianchi su un ottagono rosso, sia l'emblema delle truppe meccanizzate.

▼ Prova dell'inutilità dei pezzi d'artiglieria ungheresi su un KV-1 abbandonato sul fiume Don.

1943: DISASTRO E RIORGANIZZAZIONE

IL RULLO SOVIETICO FA LA SUA COMPARSA

Le truppe ungheresi schierate al fronte iniziarono l'anno con temperature molto basse ma con poca attività al fronte. Il 2 gennaio la 1ª Divisione corazzata fu subordinata al Gruppo Cramer (dal suo comandante, il maggior generale Hans Cramer), che a sua volta era l'unica unità di riserva del Gruppo d'armate B. Il Gruppo Cramer era composto dalla 26ª e dalla 168ª Divisione tedesche, dalla 26ª e dalla 168ª Divisione tedesche, dal 1° Distaccamento corazzato tedesco e dal 1° Distaccamento corazzato tedesco. Il Gruppo Cramer era composto dalle 26esime e 168esime Divisioni tedesche, dal 190° Distaccamento cannoni d'assalto e dal 700° Distaccamento corazzato tedesco.

▲ Uno dei pochi Marder II che hanno prestato servizio all'Ungheria. La sua formidabile potenza di fuoco rappresentò un importante miglioramento per le forze corazzate magiare.

▲ L'equipaggiamento completo di un pezzo d'artiglieria antiaerea Bofors nel 1943.

▲ Due soldati in posa accanto a un semicingolato Hansa Lloyd 37M, normalmente utilizzato come trattore per i pezzi d'artiglieria.

Il 6 gennaio gli ungheresi ricevettero in prestito cinque cacciatorpediniere Marder II (al comando del capitano Zergényi), che dovevano essere equipaggiati da ungheresi provenienti dagli organici del 51° battaglione semovente antiaereo e del 30° reggimento corazzato. Per far sì che i nuovi equipaggi si aggiornassero, quattro istruttori tedeschi erano di stanza con loro a Puskino. Questi cacciatorpediniere furono integrati in una nuova unità chiamata 1ª Compagnia indipendente di cacciatorpediniere, che contribuì con i suoi potenti cannoni da 75 mm all'esaurito arsenale corazzato ungherese.
Il 7 gennaio gli ungheresi avevano 16 Pz IV (8 a canna corta e 8 a canna lunga), 41 Pz 38, due 38M Toldi Is, 5 Marder, alcuni 40M Nimrod e 9 Pz III Ms.
Ma questa situazione di calma stava per cambiare, poiché il 12 gennaio 1943 ci fu un potente attacco sovietico contro la linea del fronte tenuta dalle truppe ungheresi (schierate a protezione del fianco settentrionale dell'VIII Armata italiana che le separava dalle truppe rumene con la IV Armata), che, come già detto, i sovietici sapevano essere piuttosto debole in termini di truppe (il 1° gennaio la II Armata non raggiungeva i 195.000 uomini). Il risultato fu un disastro, poiché le esauste truppe magiare erano in attesa di essere sostituite da truppe fresche, che al momento dell'attacco non erano ancora state schierate.

▲ Un'esercitazione di fuoco antiaereo con due Nimród e un cannone Bofors, tutti da 40 mm.

▼ Il Marder era basato sul telaio del Pz II (in diversi modelli come l'A/B/C/F). Con il suo potente cannone da 75 mm e nonostante le poche unità fornite all'Ungheria in prestito, divenne una delle migliori armi a disposizione dei magiari contro i corazzati sovietici.

L'attacco fu condotto da tre zone diverse nel tentativo di far crollare le difese dell'Asse. Le tre zone di lancio erano Uryv, Schutschye e Kantemirovka, dove i sovietici avevano pronti grandi contingenti. Il clima fu estremo, con una spessa coltre di neve e temperature che si aggiravano intorno ai 30 gradi centigradi di notte e ai 20 gradi centigradi di giorno.

Dalla testa di ponte di Uryv la 40ª Armata sovietica di Moskalenko attaccò con una Divisione di Fucilieri di Guardia, quattro Divisioni di Fucilieri, una Brigata di Fucilieri, tre Brigate di Carri Armati con 164 carri armati, tra cui 33 KV-1 e 58 T-34, oltre ad altre artiglierie, distruttori di carri, lanciarazzi, ecc. Dalle sue posizioni e dopo aver superato i magiari, era previsto il collegamento con la 3ª Armata corazzata di Rybalko. Più a nord dei magiari, la 60ª Armata di Chernyakhovsky e la 38ª Armata di Chibisov dovevano tenere occupata la 2ª Armata tedesca.

Dalla testa di ponte di Schutschye, il 18° Corpo d'armata sovietico attaccò con tre divisioni di fucilieri, una brigata di fucilieri, due brigate di carri armati con 99-150 carri armati, tra cui 1 KV-1 e 56 T-34, e vari elementi di artiglieria.

Dalla zona di Kantemirovka la 3ª Armata corazzata sovietica con 425 carri armati, tra cui 29 KV-1 e 221 T-34.

▲ Marder II ungheresi portavano l'emblema originale tedesco. Ecco uno di questi tank distruttori in azione al fronte.

▲ Un'altra immagine di un Marder ungherese utilizzato durante la cerimonia di ritirata della 2ª Armata ungherese.

La 40ª Armata attaccò in due direzioni: verso Alekseyevka (dove convergeva con la 3ª Armata corazzata da sud) e anche verso Ostrogosshk (dove convergeva con il 18° Corpo di fucilieri). La preparazione dell'artiglieria sovietica era molto potente da tutte e tre le zone di lancio dell'attacco. L'offensiva era stata inizialmente pianificata per essere lanciata il 14 gennaio dalle tre aree obiettivo, ma l'inizio effettivo fu un grande attacco di ricognizione dalla testa di ponte di Uryv il 12 gennaio sulla parte più debole della difesa ungherese (dove si trovava il 4° reggimento di fanteria della 7ª divisione leggera). Lo stesso giorno, dopo un intenso attacco di artiglieria, sei battaglioni sovietici rinforzati e supportati da carri armati attaccarono le posizioni del 4/III Battaglione causando pesanti perdite agli ungheresi e riuscendo a sfondare e ad avanzare di tre chilometri verso ovest. La mattina del 13 gennaio un contrattacco ungherese, sostenuto dai tedeschi, non ebbe successo. Il 700° Distaccamento corazzato tedesco, in prossimità della testa di ponte di Uryv e dotato di obsoleti Pz 38, fu praticamente annientato dalla 150° Brigata corazzata sovietica. Il 14, il 18° Corpo di Fucilieri sovietico attaccò e penetrò la linea difensiva ungherese della 12° Divisione Leggera vicino a Schutschye. Gli ungheresi con i loro pezzi di artiglieria riuscirono a distruggere almeno 9 carri armati sovietici, ma la debolezza ungherese li costrinse alla fine a ritirarsi. Il 14 gennaio da Kantemirovka la 3ª Armata corazzata sovietica sfondò le linee difensive. Fino alla

▲ Diversi carri armati ungheresi, tra cui due Pz II in primo piano, giacciono in un deposito, forse in attesa di essere revisionati per essere impiegati al più presto.

sera del 15 gennaio, le truppe corazzate che attaccavano da Uryv furono duramente colpite, in gran parte dai fanti che attaccavano i giganti d'acciaio con mine o con qualsiasi arma disponibile. La 116ª Brigata corazzata perse 31 dei 47 carri armati (tra cui 15 KV-1), la 150ª Brigata corazzata fu praticamente distrutta con solo 4 dei 43 carri armati rimasti, la 86ª Brigata corazzata perse 7 carri armati e la 150ª Brigata corazzata dovette essere ritirata dall'offensiva. Il coraggio delle truppe ungheresi fu più che evidente, come dimostra il caporale Pandur che distrusse 3 carri armati con mine anticarro durante i combattimenti di gennaio.

▲ Il comandante del Toldi I posa per la macchina fotografica. L'emblema tricolore ottagonale e l'aquila bianca di un battaglione di cavalleria corazzata sono ben visibili sia sul portellone che sulla fiancata del veicolo.

▲ Un Toldi I, riconoscibile dall'antenna, partecipa a una parata dopo le prime battaglie di confine ungheresi.

▼ Il comandante di un Toldi II posa per la macchina fotografica. Si vede l'emblema tricolore ottagonale e alla sua destra lo stemma della sezione meccanizzata dell'esercito ungherese.

La confusione era totale, poiché molte unità mancavano persino dell'armamento e delle munizioni adeguate, per cui tutto ciò che le truppe ungheresi veterane potevano fare era cercare di resistere all'inferno che si scatenava davanti a loro in una linea tra Mitrofanovka e Kantemirovka e ritirarsi nel modo più ordinato possibile solo quando correvano il rischio di essere travolte dai sovietici (come effettivamente accadde con la 7ª e la 12ª Divisione) con il conseguente rischio di essere circondate. Dal canto loro, gli uomini appena arrivati al fronte non sapevano come reagire adeguatamente all'orda sovietica e il panico si diffuse rapidamente tra le loro file, causando lo sbandamento e il crollo della già traballante linea del fronte. Forse l'unico supporto che avrebbe potuto tentare di stabilizzare il fronte, la 1ª Divisione corazzata ungherese, non fu inizialmente inviata a sostenere i suoi compatrioti perché era subordinata alle truppe tedesche e non le fu dato il permesso di farlo (forse a causa dell'indecisione tedesca di fronte alla rapidità degli eventi). A complicare ulteriormente le cose, il 14, anche la linea difensiva più meridionale del Magiaro (tenuta dagli italiani) fu sfondata da un altro potente attacco sovietico.

Il contrattacco della 1ª Divisione corazzata ungherese ebbe finalmente luogo il 16 gennaio, dopo aver ricevuto l'ordine di cercare di sigillare i rimanenti varchi nella linea difensiva a partire da Woytsche, che era stato catturato dalle truppe sovietiche. Nonostante i loro sforzi, era troppo tardi per avere un effetto significativo contro l'assalto sovietico e dovettero ritirarsi poco dopo, dopo un contrordine, perché rischiavano di essere accerchiati dal nemico. Il 16, dalla testa di ponte di Uryv, i sovietici erano penetrati in un'area larga 45 km e profonda 60 km, da Schutschye in un'area larga 50 km e profonda 35 km e da Kantemirovka in un'area larga 30 km e profonda 90 km, all'interno delle linee tedesco-ungheresi.

▲ Immagine di un T-34/75 catturato dagli ungheresi con i colori nazionali (rosso, bianco e verde) dipinti sulla torretta. Solo in rarissime occasioni furono utilizzati in combattimento contro i loro proprietari originari.

Di fronte a una simile disfatta, con temperature molto basse e uno spesso strato di neve, le truppe corazzate ungheresi ricevettero un nuovo ordine di sostenere e coprire il più possibile la ritirata delle truppe ungheresi, nonché di tenere le città di Nicolayevka e Alekseyevka, vitali per la via di fuga.

Il 17 gennaio, le truppe sovietiche si impadronirono della città di Alekseyevka con la collaborazione dei partigiani. Le truppe ungheresi non erano sufficienti a proteggerla, lasciando solo la città di Ilovskoye (a nord di Alekseyevka) sotto il controllo magiaro. La sera del 17 la Divisione corazzata ungherese effettuò un contrattacco con 8 PZ III e 4 PZ IV in direzione di Dolschik-Ostrogosshk distruggendo una colonna di veicoli sovietici. Su ordine di Cramer dovettero ritirarsi, lasciandosi dietro un PZ IV dopo averlo fatto esplodere a causa di una rottura che lo immobilizzò. Quel giorno la Divisione perse molto materiale che dovette essere lasciato indietro e fatto esplodere a causa della mancanza di carburante e di varie rotture nei veicoli. I Pz 38 erano totalmente inutili nella neve alta e nelle temperature estreme; il 30/I Battaglione dovette far volare almeno 17 Pz 38, 2 Pz IV e altri veicoli perché non poteva portarli con sé durante la ritirata.

▲ Diversi carri armati Hotchkiss H-39 di fabbricazione francese disposti accanto alla contraerea in posizioni di seconda linea. Tutti questi veicoli sono andati perduti nel corso delle operazioni antipartigiane.

Il 18 gennaio la missione della Divisione corazzata fu quella di attaccare e riconquistare Alekseyevka con il supporto del 559° Distaccamento cacciatori di carri armati tedesco ad essa subordinato. In questo attacco, un Pz III ungherese fu fatto saltare in aria da una mina e almeno quattro carri armati nemici furono distrutti. Dopo due ore e mezza di combattimenti e grazie al coraggio con cui i magiari si comportarono in una situazione così critica, la città fu riconquistata. Le perdite furono, oltre al già citato PZ III, due Pz IV distrutti da pezzi anticarro e un Nimród del 51/2 Squadron da una mina. In questo attacco fu ucciso il capo del 30/3 plotone, il sergente Bovojcsov. Dopo la conquista della città, il comandante del 30/5 Squadrone Corazzato, il tenente Dalitz, perse la vita: non prestò sufficiente attenzione quando il suo Pz III passò sul fiume ghiacciato Tiayazosna e il ghiaccio si spaccò, affondando il suo carro armato (si salvò solo un membro dell'equipaggio). I successivi combattimenti portarono alla distruzione di un solo T-60 nel settore nord della città da parte di un Marder II, che insieme alla compagnia genieri del 30° Reggimento corazzato e a una batteria di artiglieria riuscì a sigillare la strada Stojanow-Dalnij.

▲ Soldati magiari si allenano nel loro campo di addestramento nel 1943. Questi soldati hanno lottato con tutte le loro forze fino alla fine del conflitto mondiale, quando l'Ungheria fu conquistata dai sovietici.

La mattina del 19 gennaio i sovietici attaccarono da sud, un Pz IV distrusse un T-60, mentre un T-34 fu distrutto a sud-ovest della città da un Marder II. L'inesorabile avanzata sovietica, nonostante le pesanti perdite, spinse gli ungheresi a ritirarsi dalla città, incapaci di tenerla. Durante la ritirata, due Nimród del 51/1 Squadrone furono distrutti dai cannoni anticarro sovietici. Il 18 e 19 gennaio, molte truppe in ritirata riuscirono a sfuggire a un possibile accerchiamento di Alekseyevaka, compresa la Divisione corazzata. Il 20 gennaio un Pz IV andò perduto quando fu catturato da soldati sovietici travestiti da tedeschi che ingannarono i suoi uomini. Nella notte tra il 20 e il 21 gennaio un gruppo di battaglia della Divisione distrusse la linea ferroviaria e parte della stazione ferroviaria di Alekseyevka. Il 21 gennaio la Divisione corazzata ungherese iniziò un contrattacco per aiutare la ritirata della 23ª Divisione di fanteria tedesca, dietro la quale giunsero le truppe che avevano difeso Ostrogosshk fino al 19 gennaio, quando dovettero ritirarsi per mancanza di munizioni (la 13ª Divisione leggera ungherese e la 168ª Divisione di fanteria tedesca). Le ultime truppe ungheresi a ritirarsi da Ostrogosshk lo fecero effettivamente all'alba del 20 gennaio. Un nuovo contrattacco ungherese riuscì a distruggere un gruppo di ricognizione sovietico e a riprendere la parte occidentale di Alekseyevka tenendola fino alla notte del 20, con alcuni contrattacchi sovietici respinti. Un Marder II del 559° Distaccamento cacciatori di carri tedeschi distrusse un veicolo blindato da ricognizione sovietico. Per tutta la notte e la giornata del 22 gennaio i sovietici continuarono i loro attacchi, mentre gli ungheresi mantenevano le loro posizioni.

▲ L'equipaggio di uno Zrínyi II posa per la macchina fotografica attraverso i portelli in una fotografia scattata in un campo di addestramento intorno al marzo 1944.

▲ Un Turán I durante le manovre di risalita di un argine.

▲ Diversi Turán II pronti per essere trasportati in treno in URSS dopo la loro cattura.

Al mattino di quel giorno un Marder II ungherese distrusse un T-34 e un T-60. Il 23 gennaio la Divisione iniziò a ritirarsi da Ilynka, agendo come retroguardia del Gruppo Kramer, raggiungendo Noviy Oskol il 25 gennaio.

In soli otto giorni dall'inizio dell'offensiva, i sovietici riuscirono a eliminare le ultime enclavi difensive delle esauste forze ungheresi in villaggi come Novo Charkovka, Novo Postoialovka, Kopani, Valuiki e Podgornoye, da cui solo poche migliaia di uomini riuscirono a mettersi in salvo. Entro il 27 gennaio, la 2ª Armata ungherese era in gran parte annientata. Dopo alcuni giorni di calma e tranquillità, le truppe sovietiche iniziarono un potente attacco a Noviy Oskol all'alba del 28 gennaio. Lì, nel sobborgo nord-orientale, si trovava il 30/6° Squadrone Corazzato, che perse il suo leader, il Primo Tenente Balázs, con il suo Pz IV. In questo attacco ci furono molteplici scontri nelle strade della città. Il comandante di un plotone di carri armati Miklos Jonas si distinse nei combattimenti di quei giorni, per i quali fu insignito della Medaglia d'Oro al Valore per il suo comportamento coraggioso (fu l'unico comandante di carri armati a ricevere questo riconoscimento durante la Seconda Guerra Mondiale).

Infine la Divisione corazzata magiara lasciò la città e si ritirò verso Mikhaylowka, un villaggio a est di Korotscha. In questo 28° giorno la Divisione perse 26 uomini (soprattutto feriti), a parte il Pz IV che fu lasciato indietro. I due giorni successivi furono più tranquilli, ma il 31 gennaio fu sferrato un nuovo attacco sovietico contro le posizioni della Divisione. Questi furono respinti da due contrattacchi il 1° e il 3 febbraio. Il 3, dopo pesanti combattimenti, riuscirono a respingere un battaglione sovietico che aveva brevemente tagliato fuori uomini della Grossdeutschland, della 168ª Divisione di fanteria tedesca e della Divisione corazzata ungherese. Il 4 febbraio la Divisione corazzata respinse nuovamente gli attacchi sovietici e ricevette infine l'ordine di ritirarsi in direzione di Korotscha di fronte all'enorme pressione degli avversari. Lì la Divisione fu subordinata alla 168ª Divisione di fanteria tedesca del tenente generale Kraiss. La mattina del 6 febbraio la Divisione ungherese riuscì a respingere diversi contrattacchi sovietici dopo pesanti combattimenti. La mattina del 7 febbraio Korotscha fu circondata su tre dei suoi fianchi e un nuovo attacco sovietico fu sferrato alle 4:45 del mattino. Gli ultimi due Nimród rimasti nella Divisione spararono nell'oscurità con l'elevazione zero dei loro cannoni, fermando con successo il contrattacco sovietico. Un altro attacco di oltre 500 truppe sovietiche fu respinto dai Nimrod in un ultimo sforzo poco dopo. Dopo che tutte le altre unità si erano ritirate da Korotscha, fu la volta della Divisione corazzata, ancora in lotta. I due Nimród dovettero essere fatti esplodere dagli stessi ungheresi per l'impossibilità di salvarli e rimorchiarli dopo essere rimasti intrappolati nel terreno. In questo attacco anche l'ultimo Pz 38 della Divisione andò perso a causa del fuoco anticarro nemico. L'ultimo combattimento serio ebbe luogo il 7 febbraio; il 9 febbraio la Divisione corazzata attraversò il fiume Donetz, raggiungendo Charkow e ritirandosi definitivamente dalla linea del fronte. A questo punto gli unici veicoli corazzati rimasti all'unità ungherese erano due Marder, che furono rispediti in Germania nell'estate del 1943 al termine del loro periodo di locazione.

Parallelamente alle vicissitudini della Divisione corazzata, va ricordato che il III Corpo ungherese ha avuto il suo inferno; dopo gli attacchi del 14 gennaio è rimasto isolato nella zona nord. Dovette essere subordinato alla II Armata tedesca, che lo utilizzò come "carne da cannone". All'interno del III Corpo, la 9ª Divisione leggera rimase sulle rive del Don fino al 29 gennaio, poiché il 28 gennaio Kastornoye (dove erano schierati i fanti ungheresi) era quasi completamente accerchiata dalla 13ª e dalla 40ª Armata sovietiche, costringendole ad abbandonare definitivamente le loro posizioni. Il rischio di essere accerchiati era ulteriormente aumentato dal fatto che agli ungheresi era stato proibito dai tedeschi di utilizzare le strade di evacuazione, utilizzate dai tedeschi per ritirarsi. Gli ungheresi dovettero quindi marciare nella neve fitta e senza l'equipaggiamento adeguato. Il comportamento dei tedeschi e in particolare del comandante in capo della 2ª Armata, il tenente generale Siebert, provocò un grande sentimento di odio verso i tedeschi nella maggior parte dei sopravvissuti del III Corpo ungherese.

▲ Diversi camion utilizzati dalle truppe ungheresi in una caserma di Honvéd nel 1943. Si possono vedere vari modelli di origine diversa, come il Ford o l'Hanomag tedesco.

Il 1943 era iniziato in modo disastroso per i magiari, che durante l'offensiva sovietica persero la maggior parte delle truppe e degli armamenti, stimati in circa la metà dell'equipaggiamento totale disponibile dell'intero esercito ungherese. Le perdite dopo tutti questi combattimenti furono di 107 carri armati (22 Pz IV, 10 Pz III, 64 Pz 38, 11 Toldi), 3 Marder II, 15 Nimród, 10 Csaba, 1030 veicoli a motore (681 camion, 114 auto, 235 moto), 17 cannoni d'artiglieria da 10,5 cm, 20 cannoni anticarro, 8 cannoni antiaerei, oltre a una moltitudine di armi minori. Nonostante ciò, il comportamento dei soldati ungheresi portò a più di 3.000 decorazioni tedesche e ungheresi durante i feroci combattimenti a cui parteciparono tra il 1942 e il 1943.

FORMAZIONI CORAZZATE NELLE TRUPPE DI OCCUPAZIONE

Non bisogna dimenticare le truppe ungheresi che si trovavano nelle retrovie e svolgevano compiti di occupazione, in quanto anch'esse disponevano di un proprio parco corazzato. Nel gennaio 1942 il comando di occupazione ungherese era organizzato in cinque brigate di fanteria, due battaglioni di ciclisti (II e VII) e altre truppe di supporto, a cui si aggiunsero due formazioni di carri armati costituite nel 1942: il 101° e il 102° Squadrone Carri Indipendenti (il 103° non può essere confermato come esistente secondo i rapporti attuali), che parteciparono al sostegno delle attività antipartigiane ungheresi in territorio ucraino. Il 101° aveva ricevuto carri armati francesi dal bottino di guerra catturato in Francia dai tedeschi: due Somua S-35 che fungevano da veicoli di comando e 15 Hotchkiss H-35/H-39, mentre il 102° utilizzava veicoli di fabbricazione ungherese. I magiari disponevano anche di tre Renault R-35, che a causa del loro scarso valore militare furono utilizzati principalmente come trattori.

Il 101° Squadrone indipendente fu organizzato come 1/I Battaglione carri nell'ottobre 1942, con il maggiore Pongrácz come comandante. Nel suo ordine di combattimento aveva un plotone pesante e tre plotoni leggeri. Il plotone pesante comprendeva due S-35, mentre i plotoni leggeri disponevano di 15 H-35/H-39. Le missioni di queste unità erano quelle consuete per le truppe di retroguardia in territorio nemico, come la scorta di convogli, lo sgombero di strade, la cattura di partigiani, e a volte venivano utilizzate per attacchi occasionali. I carri armati venivano solitamente trasportati in treno attraverso la vasta campagna ucraina, consentendo loro di raggiungere l'area di interesse più rapidamente di quanto avrebbero fatto con i propri mezzi, riducendo al contempo l'usura dei carri armati. Tutti questi carri armati francesi andarono progressivamente perduti nel periodo 1942-1944 per vari motivi: attacchi da parte di partigiani o di truppe regolari sovietiche, e in alcuni casi distrutti dai loro stessi equipaggi perché non potevano ritirarsi con loro, impedendo così che cadessero intatti nelle mani del nemico.

Il 102° fu organizzato come 1/II Battaglione carri nel 1943, con due plotoni di carri leggeri con 3 Toldi ciascuno e due plotoni di veicoli corazzati con 3 Csaba ciascuno. Era comandato dal maggiore Parázsó e aveva il compito di servire come piccola forza di riserva per le truppe di occupazione. Nel dicembre 1943 si trovava a Kremenyec e successivamente si spostò verso Stanislau. La 102ª fu sciolta dopo l'arrivo della 2ª Divisione corazzata in Galizia nell'aprile 1944.

Tra le forze di occupazione, gli ungheresi utilizzarono anche due treni blindati catturati, uno dai polacchi e uno dai sovietici. Grazie ad essi, nei loro numerosi spostamenti attraverso le zone occupate, avevano un importante supporto di artiglieria mobile contro le unità partigiane.

L'ultimo contingente corazzato rimasto da menzionare è quello degli otto 39M Csaba, che costituivano la compagnia corazzata del 7° Battaglione ciclisti, impegnata in missioni di supporto e ricognizione.

SGANCIARSI DALLA GERMANIA, MA COME?

Come abbiamo visto in queste righe, la crema delle forze combattenti ungheresi, la 2ª Armata ungherese, nonostante le sue enormi dimostrazioni individuali di coraggio e audacia, aveva perso il 70-80% delle sue forze, con un numero significativo di morti, feriti e catturati (rispettivamente 50.000, 50.000 e 28.000). A marzo la 1ª Divisione corazzata, già ritirata dalla linea del fronte, aveva solo circa 8.000 uomini, 500 veicoli e 13 cannoni. Questo grave logoramento della formazione ungherese divenne evidente quando il 24 maggio 1943 solo circa 40.000 uomini e una piccola parte del loro materiale corazzato originale riuscirono a tornare in Ungheria dopo che l'Alto Comando tedesco permise questo ritiro (a causa della completa inutilizzabilità dei loro resti frantumati).

Dopo gli eventi sul fronte russo, il governo ungherese si rese conto che l'Ungheria non poteva stare al fianco della Germania in questo conflitto, poiché sarebbe stato impossibile farlo materialmente senza portare il Paese all'annientamento. Ma la Germania, che sapeva cosa pensavano gli ungheresi, non poteva permetterlo. Inoltre, si chiedeva di schierare nuove truppe ungheresi sia in URSS che nei Balcani. Mentre cercava di riorganizzare le sue forze, Horthy, per soddisfare i desideri tedeschi, inviò due corpi d'armata (il 6° in Ucraina e l'8° in Bielorussia) sul fronte orientale per compiti di retroguardia contro i numerosi e potenti partiti partigiani sovietici nei territori occupati. In questa occasione, le forze corazzate furono minime. A causa dell'ampia area da coprire (circa 100 per 450 chilometri) si decise che sarebbe stato più efficace dividersi in piccole unità e guarnigioni. Durante questo compito i magiari fecero del loro meglio, tenendo presente che la carenza di uomini e l'armamento obsoleto che portavano con sé limitavano le loro azioni. Ciononostante, riuscirono a eliminare molti dei punti di forza partigiani nella zona.

Di fronte alle incessanti richieste di truppe da parte dei tedeschi, l'Ungheria poté solo ritardare il dispiegamento di queste nuove truppe mentre si iniziavano a stabilire contatti con gli Alleati per una pace separata. Gli ungheresi cercarono di fare piccoli movimenti dei loro soldati che facessero capire agli Alleati la loro volontà di avvicinarsi a loro, come la richiesta del generale Szombathelyi alla Germania di ritirare le sue truppe di occupazione in territorio sovietico, con il pretesto di rafforzare i propri confini di fronte alle avanzate sovietiche che in alcune zone si trovavano a poco più di cento chilometri dai Carpazi. I tedeschi ovviamente osservavano con attenzione qualsiasi attività ungherese, soprattutto dopo la defezione dell'Italia nel settembre 1943.

Questi contatti segreti vennero resi noti dalla stampa londinese, quando fu riferito che si erano svolti incontri a tal fine il 1° e il 2 giugno 1943. Evidentemente, quando i tedeschi vennero a conoscenza di questa notizia, iniziarono a rafforzare il loro controllo su qualsiasi movimento politico ungherese. Ma i negoziati non ebbero successo, poiché gli Alleati pretendevano che l'Ungheria dichiarasse guerra alla Germania se avesse accettato una pace del genere. Così l'Ungheria si trovò intrappolata tra due fughe ugualmente terribili.

Nella riorganizzazione dell'esercito ungherese, le divisioni di fanteria dovevano essere trasformate in divisioni combinate e retroguardie, la decimata 1ª Divisione corazzata doveva essere ricostruita dopo la sua distruzione sul fronte orientale e doveva essere creata una nuova formazione corazzata, la 2ª Divisione corazzata. Verranno create anche nuove unità come la 1ª Divisione di cavalleria ussara o la Divisione paracadutisti "Szent Laszlo" o il 1° Battaglione carri d'assalto (artiglieria d'assalto).

Per quanto riguarda l'artiglieria d'assalto, va notato che i primi uomini che si unirono al corso per queste unità lo fecero tra il 18 luglio e il 31 agosto 1943, sotto il comando del capitano József Barankay che aveva frequentato un corso sull'artiglieria d'assalto tedesca a Jüteborg (Germania). La base del 1° Battaglione carri d'assalto fu costituita il 1° settembre a Hajmáskér (il principale campo di addestramento militare ungherese) con soli tre Zrínyi, e il 1° ottobre sia il 1° Battaglione carri d'assalto che il 2°-8° Gruppo di addestramento carri d'assalto erano pienamente disponibili per l'addestramento. All'inizio dell'agosto 1943, 1925 uomini (di cui 113 ufficiali) erano stati arruolati nel nuovo reparto di carri armati d'assalto. La mancanza di Zrinyi costrinse a utilizzare i Toldi e i Turan in attesa del loro arrivo (prima del 1° settembre si erano addestrati con due Turan e con il prototipo in acciaio dello Zrinyi, quindi, con un maggior numero di Turan disponibili e lo Zrinyi basato su di essi, era logico utilizzarli). Sia il Toldi che il Turan furono usati principalmente per le comunicazioni, la guida e altri addestramenti tecnici, ma l'addestramento al fuoco fu condotto solo con i cannoni corti da 75 mm del Turan, a causa della loro somiglianza con lo Zrinyi, rispetto ai cannoni del Toldi.

ALLEGATO

INSEGNE DELLE FORZE CORAZZATE UNGHERESI

Le insegne utilizzate dalle forze corazzate magiare variarono nel corso del conflitto. Infatti, tra il 1938 e il 1945 furono utilizzati almeno nove modelli diversi. In queste righe ci soffermeremo brevemente su quelli più comunemente utilizzati.

La prima insegna utilizzata dalle forze corazzate magiare fu quella triangolare tricolore (rossa, bianca e verde) già in uso nell'aeronautica ungherese. Questa insegna fu utilizzata su un treno corazzato, nello specifico il 102° treno corazzato, durante la campagna slovacca del 1938.

Per ovviare alla mancanza di un'insegna nazionale comune per le truppe corazzate, nel luglio 1940 si decise di indire un concorso in cui le varie unità avrebbero proposto un'insegna da scegliere per l'utilizzo da parte di tutte le unità. La prima insegna diffusa consisteva in una Croce di Malta con diversi colori sul bordo e un cerchio all'interno che variava anch'esso di colore da unità a unità. Questa insegna era dipinta su tutti i veicoli che partecipavano alle operazioni militari in Transilvania, Jugoslavia e successivamente in Ucraina.

▲ Lo stemma della Croce di Malta è visibile su questo carro armato di Csaba, il che colloca la foto poco prima della Seconda guerra mondiale.

Nonostante il suo utilizzo, però, l'insegna della Croce di Malta non convinse i magiari ai piani alti, che decisero di adottare un altro disegno con una croce simile a quella utilizzata sui veicoli tedeschi (che avrebbe reso più facile il riconoscimento reciproco in prima linea), ma con alcune peculiarità. L'insegna consisteva in una croce verde con bordi bianchi su sfondo esagonale rosso ed entrò in servizio subito dopo l'occupazione ungherese dei territori jugoslavi nella primavera del 1941. Come si può notare, il suo uso coincide in parte con quello della Croce di Malta, il che è abbastanza vero, dato che molte unità furono dotate della nuova insegna mentre altre portavano ancora quella vecchia. Questa insegna era destinata a diventare l'emblema unificato delle forze corazzate magiare. Secondo l'ordinanza originale, l'insegna doveva essere dipinta su entrambi i lati e sul tetto delle torrette, oltre che sulla parte anteriore e posteriore del veicolo. La larghezza dell'insegna variava a seconda delle dimensioni del veicolo corazzato, con una larghezza di 350 mm per i veicoli corazzati più piccoli e di 500 mm per quelli più grandi.

▲ Un Nimród con equipaggio completo durante le manovre.

Non molto tempo dopo la sua introduzione si cominciarono a sentire voci in disaccordo con le insegne. Queste provenivano principalmente dagli equipaggi (e più precisamente dai piloti) delle Csaba Toldi o delle Nimród che già le indossavano. Il motivo delle loro lamentele era che le dimensioni, la luminosità e il contrasto delle insegne davano agli equipaggi la sensazione di trovarsi proprio dietro a un bersaglio. Questo fatto, insieme al limitato potenziale bellico delle armature ungheresi, ovviamente non aiutava affatto il morale degli equipaggi. Fu questo disagio, insieme ad altre cause, a spingere l'alto comando militare magiaro a decidere di cambiare le insegne con altre più adatte.

Così, il 16 novembre 1942, fu trasmesso l'ordine di sostituire la precedente insegna tricolore con una nuova che doveva essere utilizzata da tutti i veicoli delle forze corazzate ungheresi. Questa nuova insegna unificante non era altro che una copia di quella utilizzata dalle forze aeree ungheresi e consisteva in una croce bianca su un quadrato nero.

Questa nuova insegna doveva essere dipinta sui fianchi del veicolo e sulla superficie dei motori in una dimensione variabile a seconda delle dimensioni del veicolo (c'erano tre dimensioni predefinite per questa situazione). Come curiosità, non era richiesta sui fianchi delle torrette dei veicoli corazzati; ma era tacitamente (non ufficialmente) vietato indossarla sulla parte anteriore dei veicoli, perché era nuovamente considerata un bersaglio per il posto di guida. Questa insegna fu utilizzata fino alla fine della guerra, coesistendo con le insegne tedesche di cui si parlerà più avanti.

▲ Vista laterale di uno Zrínyi II in cui si vede chiaramente l'emblema con la croce bianca su un quadrato nero che le truppe corazzate magiare indossarono per gran parte della guerra.

Dopo l'arrivo nel 1944 di numerosi veicoli blindati dal Reich tedesco, in molti casi essi mantennero sia la verniciatura originale portata dalla Germania sia le insegne tedesche. È vero che due ragioni possono aver influenzato questa situazione:

- Da un lato, le truppe magiare cominciarono a essere pienamente integrate nelle unità tedesche, quindi era ragionevole che, per evitare qualsiasi malinteso, le insegne tedesche dovessero essere rispettate.

- D'altra parte, l'urgente necessità di mettere in servizio i veicoli provenienti dalla Germania rese praticamente impossibile il "divertimento" di dipingere su di essi le insegne ungheresi. Furono dipinti solo con la corrispondente numerazione tattica e così andarono in battaglia.

▲ L'unica fotografia esistente del prototipo di lanciarazzi Nebelwerfer da 15 cm su uno Zrínyi II. Se fosse stato prodotto in serie, l'esercito ungherese avrebbe acquisito la necessaria potenza di fuoco che gli mancò per tutta la durata della guerra.

▲ L'unico esemplare del cacciacarri Toldi PaK 40 L/48. I suoi numerosi svantaggi nella produzione di massa ne determinarono l'abbandono.

▼ Prototipo smontato della torretta del carro armato Turán III.

BIBLIOGRAFIA

Sconosciuto, *The Royal Hungarian gendarmerie and police during world war II.*

Axworthy, Mark. *Third Axis Fourth Ally.* Arms and Armour. 1995.

Baczoni, Tamás; Tóth, László. *Hungarian Army Uniforms. 1939-1945.* Huniform Books. 2010.

Barnaky, Péter. *Panther on the battlefield.* Volume 6. PeKo Publishing. 2014.

Becze, Csaba. *Magyar Steel.* Stratus. 2006.

Bernád, Denes; Kliment, Charles K. *Magyar warriors. The history of the Royal Hungarian Armed Forces 1919-1945.* Volume I. Helion & Company. 2015.

Bernád, Denes; Kliment, Charles K. *Magyar warriors. The history of the Royal Hungarian Armed Forces 1919-1945.* Volume II. Helion & Company. 2017.

Bonhardt, Attila. *Zrínyi II assault howitzer.* PeKo Publishing. 2015.

Caballero, C; Molina, L. *Panzer IV. El puño de la Wehrmacht.* AF Editores. 2006.

Gladysiak, L; Karmieh, S. *Panzer IV Ausf. H and Ausf.J.* Vol I. Kagero 2015.

Gladysiak, L; Karmieh, S. *Panzer IV Ausf. H and Ausf.J.* Vol II. Kagero 2016.

Guillemot, Philippe. H*ungary 1944-45. The panzers' last stand.* Histoire&Collections. 2010.

Kerekes András. *The role and creation of the Royal Hungarian assault artillery, and the Zrínyi II assault howitzers.* Hadmérnök. X Évfolyam 2 szám. 2015 június.

Magyaródy, SJ. *Hungary and the Hungarians.* Matthias Corvinus Publishers.

Mc Taggart, Patrick. *¡Asedio!.* Inédita Editores SL. 2010.

Mujzer, Peter. *Huns on wheels.* Mujzer&Partner Ltd.

Oliver, Dennis. *Tiger I and Tiger II tanks.* Germany army and Waffen-SS Eastern Front 1944. Pen & Sword Military. 2016.

Order of battle and handbook of the Hungarian armed forces. February 1944. USA War department.

Restayn, Jean. *Tiger I in action 1942-1945.* Histoire & Collections.2013.

Thomas, Nigel; Pál Szábo, László. *The Royal Hungarian Army in World War II.* Osprey Publishing. 2008.

Tirone, Laurent. Panzer. *The German tanks encyclopedia.* Caraktere. 2016.

Ungváry, Krisztián. *Battle for Budapest.100 days in World War II.* IB Tauris. 2003.

Ungváry, Krisztián. *The "Second Stalingrad": The destruction of Axis forces at Budapest (february 1945).* Hungarian Studies Review, Vol XXII, nº 1 (Spring, 1995).

Wood, Ian Michael. *History of the Totenkopf´s Panther-Abteilung.* PeKo Publishing. 2015.

Zaloga, Steven J. *Tanks of Hitler´s eastern allies. 1941-45.* Osprey Publishing. 2013.

TITOLI GIÀ PUBBLICATI - TITLES ALREADY PUBLISHING